Notre Avenir à Découvert
Agenda 2030-2050

Les Secrètes des Mondialistes du NWO et du WEF ont été Révélées !

La Grande Réinitialisation - Crise Économique - Pénuries Mondiales

Rebel Press Media

Avis de non-responsabilité

Copyright 2021 par Rebel Press Media - Tous droits réservés

Ce document vise à fournir des informations exactes et fiables sur le sujet et la question traités. La publication est vendue avec l'idée que l'éditeur n'est pas tenu de rendre des services comptables, officiellement autorisés ou autrement qualifiés. Si des conseils sont nécessaires, d'ordre juridique ou professionnel, il convient de s'adresser à une personne exerçant cette profession - à partir d'une déclaration de principes qui a été acceptée et approuvée également par un comité de l'American Bar Association et un comité des éditeurs et des associations.

Il n'est en aucun cas légal de reproduire, dupliquer ou transmettre une partie de ce document, que ce soit par voie électronique ou sous forme imprimée. L'enregistrement de cette publication est strictement interdit et tout stockage de ce document n'est pas autorisé, sauf avec la permission écrite de l'éditeur. Tous droits réservés.

La présentation de l'information est sans contrat ou tout type d'assurance de garantie. Les marques commerciales qui sont utilisées le sont sans aucun consentement, et la publication de la marque est sans autorisation ou soutien de la part du propriétaire de la marque. Toutes les marques et marques déposées dans ce livre ne sont utilisées qu'à des fins de clarification et appartiennent à leurs propriétaires respectifs, qui ne sont pas affiliés à ce document. Nous n'encourageons pas l'abus de substances et nous ne pouvons être tenus responsables de la participation à des activités illégales.

Le massacre des vaccins ?

Abattage par les vaccins dans l'UE, notamment chez les jeunes : 38 000 morts et 1,6 million de blessés graves

Malgré le fait établi que la base de données européenne officielle EudraVigilance ne reflète historiquement que 6 % du nombre réel de victimes des vaccins, les chiffres officiels après environ un an de "vaccination" contre le "Covid-19" sont tout simplement effrayants : 37 927 décès et 3 392 632 personnes souffrant de problèmes de santé, dont la moitié environ (plus de 1,6 million) sont graves ou permanents (maladies cardiaques, thromboses, troubles auto-immuns, surdité, cécité, malformations congénitales, décès). Les jeunes et même les enfants sont particulièrement touchés. Les effets secondaires et les conséquences les plus graves - par exemple, rien qu'aux Pays-Bas, en Belgique et en Grande-Bretagne (ancien État membre de l'UE), 50 000 cas de femmes et de jeunes filles souffrant de troubles menstruels ont été signalés - sont invariablement minimisés. La politique et les médias perpétuent le culte de l'(auto)meurtre qu'ils ont initié en continuant à promouvoir et à imposer quotidiennement ces injections qui mettent la vie en danger.

Les chiffres du 15 janvier des quatre plus grands fabricants montrent que le vaccin AstraZeneca présente le plus grand risque d'effets secondaires graves, et que le vaccin Moderna est le plus mortel. Numériquement, le vaccin Pfizer fait le plus de victimes.

Diverses études approfondies des statistiques ont révélé l'an dernier que l'UE était à l'origine d'environ 21 % du nombre de notifications, ce qui représenterait 7964 compatriotes décédés et 712 453 personnes ayant subi des effets indésirables, dont 338 399 ayant subi des dommages graves pour la santé. Le nombre de décès dus au vax Covid équivaudrait donc à une année de grippe bien remplie, et le nombre de personnes ayant subi des dommages graves pour la santé constituerait désormais la cinquième ville du pays.

Procurez-vous une calculatrice pour voir quels seraient les chiffres si l'on tenait compte des 6 % des chiffres réels mentionnés précédemment. Peut-être que la surmortalité soi-disant "mystérieuse" de ces derniers mois dans l'UE, la plus élevée depuis la Seconde Guerre mondiale, provient d'un angle que la politique et les médias ne sont toujours pas autorisés à nommer ? Sans compter que, partout, les victimes sont de plus en plus jeunes :

* Au Portugal, où 90,2% de la population s'est fait injecter, un garçon de 6 ans est mort, quelques jours seulement après sa première injection Pfizer. Les autorités reconnaissent la suspicion d'un grave contrecoup ;

Table des matières

Crise en Europe ?

Après l'échec des négociations entre les États-Unis et la Russie à Genève hier, la crise ukrainienne s'intensifie. 200 trains de marchandises, transportant chacun 50 wagons de matériel militaire, sont en route de la Russie vers la Biélorussie, ou y sont déjà arrivés. La Maison Blanche va intensifier l'aide militaire au régime de Kiev, en fournissant par exemple des hélicoptères Mi-17, et étudie les possibilités de renforcer la force américaine en Europe de l'Est. La République tchèque va fournir des obus d'artillerie à l'Ukraine. La Russie, quant à elle, met en garde contre "les conséquences les plus graves" si les États-Unis et l'OTAN continuent de refuser de répondre aux exigences du Kremlin en matière de sécurité - comme le respect des promesses faites, notamment celle de ne pas inclure l'Ukraine dans l'OTAN.

L'animateur radio américain Hall Turner estime qu'il ne reste peut-être plus qu'une semaine pour éviter la guerre avec la Russie. En effet, c'est à ce moment-là qu'expirera l'ultimatum lancé par les Russes à l'OTAN pour qu'elle réponde par écrit aux garanties de sécurité que Moscou souhaite. Pendant ce temps, l'OTAN envoie de grandes quantités d'armes en Ukraine. Auparavant, les Américains ont stationné quelque 1 000 chars et plusieurs dizaines de F-15 et de F-16 en Roumanie et dans d'autres pays d'Europe orientale.

N'importe qui avec la moitié d'un cerveau fonctionnel peut voir où cela va : BOEM. Et nous ne pourrons nous en prendre qu'à nous-mêmes, car nous n'avons pas gardé nos propres gouvernements sous contrôle", écrit Turner. Si les Américains et les Européens de l'Ouest n'inondent pas leurs représentants élus d'appels téléphoniques, de lettres et d'e-mails pour mettre fin à cette absurdité, nous pourrions tomber de la falaise dans l'abîme".

Hier après-midi (heure locale), le commandement de l'armée de l'air américaine a envoyé 20 messages ultra-prioritaires en l'espace de quelques heures. Ceux-ci reviennent à dire "arrêtez ce que vous êtes en train de faire maintenant, et allez faire ceci ou cela". Ce système de communication est utilisé pour activer les forces nucléaires et les mettre dans un état de préparation élevé.

C'est ainsi que la troisième guerre mondiale pourrait se produire

Se fondant, entre autres, sur ses contacts avec des analystes du renseignement, Turner décrit un scénario selon lequel la troisième guerre mondiale pourrait éclater. Selon lui, elle pourrait commencer par une opération militaire russe en Ukraine (éventuellement destinée à protéger la population russe des bombardements réguliers de l'armée ukrainienne, et/ou d'une opération de "libération" de De Krim, dirigée ou non par les États-Unis et l'OTAN). Puis la Pologne vient à la rescousse et attaque l'enclave russe de Kaliningrad pour obliger les Russes à se battre sur deux fronts.

La Lituanie, la Lettonie et l'Estonie sont obligées de venir en aide à la Pologne en attaquant les forces auxiliaires russes qui menacent de traverser Kaliningrad depuis le Belarus. La Hongrie et la Roumanie se joignent à la mêlée, tout comme la Finlande et la Suède. La Russie doit se mobiliser pleinement pour riposter sur autant de fronts, et mène une invasion totale de l'Ukraine.

Cela menace d'écraser les troupes britanniques en Ukraine. Pour les sauver, Boris Johnson ordonne une attaque nucléaire tactique contre l'armée russe en Ukraine. La Russie riposte avec une bombe nucléaire sur l'armée ukrainienne ainsi que sur Londres. La Russie a été faussement accusée de tout pendant des années, et c'est certainement le cas maintenant. Après la destruction de Londres, les médias occidentaux réclament une intervention musclée de l'OTAN. Cela arrivera, et la troisième guerre mondiale est un fait.

L'Occident coupable de la crise actuelle

Tout a commencé avec le coup d'État de " Maidan " en 2014, dirigé par la CIA/MI6 et soutenu par l'UE, contre le président démocratiquement élu de l'Ukraine. Puis l'Occident a installé à Kiev un régime fantoche affilié à des groupes néo-nazis. Avec la tragédie du MH17 - qu'il s'agisse d'une erreur de l'armée ukrainienne ou d'une opération délibérée de faux drapeau pour accuser la Russie - le feu anti-Poutine a été encore attisé de manière extrêmement trompeuse et mensongère.

Provoquer une guerre avec la Russie - la grande pierre d'achoppement du coup d'État communiste Great Reset / Build Back Better, planifié et préparé depuis des années, que les régimes occidentaux du FME (comme celui de Rutte) sont en train de réaliser contre leurs propres peuples - était l'objectif principal depuis le début à moyen terme.

L'Occident a rompu toutes les promesses et garanties faites à la Russie après la chute du Mur et l'effondrement du rideau de fer. Ces garanties prévoyaient l'absence de guerre entre l'Est et l'Ouest à la fin des années 1980, ainsi que la non-élargissement de l'OTAN vers l'Est sans le consentement de la Russie. C'est pourtant ce qui s'est passé. En fait, dans les années 1990, les États-Unis/OTAN dirigés par Bill Clinton ont mené une guerre illégale et sanglante contre la Serbie (qui faisait alors partie de la Yougoslavie) uniquement parce qu'elle était restée alliée de la Russie. Ensuite, d'autres alliés de Moscou, comme la Libye et la Syrie, ont également été visés.

Armstrong : "Poutine peut conquérir l'Europe en un clin d'œil".

Le grand économiste américain Martin Armstrong écrit que Poutine est capable de "conquérir l'Europe en un clin d'œil". Nous avons rarement été aussi faibles, et ce de notre propre main, parce que nous avons mis en danger notre approvisionnement énergétique stable en optant pour des sources "durables" peu fiables, ce qui est inutile mais extrêmement coûteux. L'Allemagne n'aura du gaz naturel en réserve que pour un peu plus de deux semaines lorsque la Russie, en représailles aux éventuelles sanctions économiques plus lourdes dont l'UE la menace maintenant, fermera le robinet du gaz.

Dans un commentaire blindé, Armstrong écrit que SI la Russie et la Chine veulent un jour vaincre militairement l'Occident, elles devraient saisir leur opportunité MAINTENANT. S'ils profitent de cette occasion unique, cette attaque (par la Russie sur l'Europe et la Chine sur Taiwan/Japon/Australie, et conjointement sur les États-Unis) devrait avoir lieu entre fin février et fin mars.

Pas de guerre conventionnelle majeure, mais une attaque nucléaire massive et soudaine ?

Mon propre scénario hypothétique est différent de celui de Turner ou d'Armstrong. Je pense personnellement que le brillant stratège Poutine ne se laissera pas entraîner dans une guerre conventionnelle majeure avec l'Occident. Les mobilisations russes massives ne sont, à mon avis, qu'une tactique de diversion. Peut-être ses troupes s'engageront-elles encore dans le combat en Ukraine, mais le véritable coup de théâtre, à mon avis, viendra des sous-marins nucléaires, discrètement mis en position, qui frapperont simultanément et détruiront totalement les États-Unis et l'Europe (et à l'Est le Japon, Taïwan, la Corée du Sud et l'Australie) d'un seul coup avec l'aide de la Chine.

Et encore une fois : SI cela se produit, la faute en incombera entièrement aux fauteurs de guerre insondablement arrogants et désormais purement menteurs de Washington, Bruxelles et Londres. La Russie a essayé d'adhérer à l'OTAN à trois reprises, mais les États-Unis en particulier n'ont pas voulu. Le Pentagone avait besoin d'ennemis pour continuer à justifier ses monstrueuses dépenses militaires.

Prophétie : "Ils crieront à la paix, mais obtiendront la destruction".

Aujourd'hui, les dirigeants américains et européens ont "besoin" d'une guerre pour une autre raison encore, à savoir pour dissimuler le fait qu'en soutenant les banques aux dépens de la prospérité de leurs propres électeurs et en adoptant des mesures climatiques et de verrouillage dévastatrices mais totalement inutiles, ils ont ruiné leurs propres sociétés et économies et les ont amenées au bord de la destruction.

Pendant qu'ils crient (dans le sens de "exiger" ou "commander") : paix et repos ! une destruction soudaine s'abat sur eux, comme les contractions d'une femme enceinte, et ils ne pourront en aucun cas s'échapper. (1 Tess.5:3. la déclaration correcte du texte original. Aucune condition de "paix et de repos" n'est décrite ici, mais un "appel" à la paix de l'OM, pendant une période de grande tension et de peur mondiale. (Voir aussi Luc 21:25-26 à propos de la fin des temps : "...sur la terre, une crainte désespérée se répand parmi les peuples...et les gens tremblent de peur et d'effroi à cause des choses qui arrivent dans le monde...").

Le temps de l'accomplissement est-il vraiment arrivé, et l'homme a-t-il cédé à son besoin impérieux de domination totale et/ou de destruction totale de "l'autre" ? Ou bien ce monde fou aura-t-il encore un (dernier ?) sursis miséricordieux, mais à mon avis immérité.

Un colonel chinois met en garde les États-Unis : Si vous venez en aide à Taïwan, une guerre nucléaire totale s'ensuivra.

La guerre contre les États-Unis, l'Union européenne et l'OTAN, planifiée par Poutine depuis des années, est-elle sur le point d'éclater ? Nous avons écrit à plusieurs reprises qu'un tel conflit militaire, qui mettrait la vie en danger, pourrait très bien commencer par une opération "false flag", destinée à faire porter le chapeau à l'UE. Et que dire de la grave provocation américaine suivante : un avion-cargo de la National Airlines, sous commandement militaire, qui venait de livrer tout un chargement de munitions à Kiev, a soudainement choisi une trajectoire complètement différente après le décollage, violant l'espace aérien du Belarus, puis a parcouru des centaines de kilomètres dans l'espace aérien russe, à peu près juste au-dessus des unités de l'armée russe qui ont été rassemblées en vue d'une éventuelle guerre avec l'Ukraine. Près du Kazakhstan, l'avion a disparu des radars de suivi de vol.

Les Russes espéraient-ils qu'ils abattraient l'avion cargo, leur donnant ainsi le prétexte souhaité pour passer à l'étape suivante du déclenchement d'une guerre ? En tout cas, le Kremlin ne semble pas être tombé dans ce piège.

Un chasseur furtif Su-57 au-dessus de Kiev ?

Puis a suivi quelque chose d'encore plus remarquable. Sur le même suivi de vol, un chasseur furtif russe Su-57 est apparu de nulle part au-dessus de Kiev. À une hauteur de seulement 350 mètres, l'avion a survolé la ville sur plusieurs kilomètres, puis a 'disparu' sans laisser de trace. '

Si cet incident s'est réellement produit, il a dû faire un énorme bruit dans la capitale ukrainienne. Il s'agirait d'une démonstration de puissance sans précédent de la part des Russes, et d'un message qui pourrait mettre l'Occident dans sa poche, puisque la technologie furtive russe est manifestement beaucoup plus avancée qu'on ne le pensait, et capable d'échapper complètement aux systèmes radar occidentaux.

Selon le Pentagone, la Russie a déplacé deux divisions de systèmes de défense antimissile S-400 et un nombre inconnu d'avions de chasse au Belarus, ce qui signifie que "Kiev est maintenant dans le collimateur". Pendant ce temps, les membres des familles du "personnel non essentiel et des diplomates" sont évacués d'Ukraine, ce qui, selon l'administration Biden, n'est qu'une "mesure préventive".

Un colonel chinois menace les États-Unis d'une guerre nucléaire totale

Les tensions avec la Chine sont également aggravées par les Américains. Jeudi dernier, la marine chinoise a expulsé l'USS Benfold des eaux territoriales des îles

Xisha contestées (nom occidental : îles Paracel) en mer de Chine méridionale.

Indépendamment de l'appartenance de ces îles, la "patrouille" continue des navires de guerre américains si près de la Chine est une véritable provocation. Comment Washington réagirait-il si des navires de guerre chinois passaient continuellement dans le golfe du Mexique ?

À Pékin, on est donc de plus en plus en colère. Un colonel de haut rang de l'APL (l'armée) a averti sur la chaîne de télévision publique CCTV que les États-Unis ne devaient pas oser venir en aide à Taïwan lors d'un conflit militaire. Selon lui, cela conduirait immédiatement à la destruction des porte-avions américains dans la région et à une guerre nucléaire totale.

Après une cyberattaque, nous perdrons notre accès à l'internet" - "Vivre libre ou mourir" est plus que jamais d'actualité.

La cyberattaque du FME (faux drapeau) entraînant une panne d'électricité massive en Europe, destinée à faire passer la Grande Réinitialisation tout en encadrant la Russie et en disposant d'un prétexte pour déclencher la Troisième Guerre mondiale, semble à portée de main car les principaux pays d'Asie centrale ont été touchés hier par une panne d'électricité massive affectant des millions de personnes. Lumières, eau, toilettes, réfrigérateurs, chauffage - plus rien ne fonctionnait. D'innombrables personnes sont restées coincées dans les ascenseurs et les téléskis. La circulation a dégénéré en chaos. Compte tenu des tensions de guerre induites par l'Occident autour de l'Ukraine, la période février-mars pourrait devenir très excitante à cet égard également, surtout si l'on considère que c'est précisément au cours de cette période que l'UE s'entraînera pendant 6 semaines à une soi-disant "cyber-attaque russe".

Le Kazakhstan - qui a récemment fait l'objet d'une tentative de coup d'État ratée de type "Maidan", à la manière du MI6 -, l'Ouzbékistan et le Kirghizstan, trois anciennes républiques soviétiques dont les réseaux électriques sont reliés à la Russie, ont été privés d'électricité hier, selon la Compagnie d'exploitation de l'électricité du Kazakhstan (KEGOC), en raison d'un déséquilibre soudain du réseau. À Tachkent, la capitale de l'Ouzbékistan, les métros se sont arrêtés et l'aéroport a dû être fermé. Les habitants du pays ont signalé des pannes d'eau et de chauffage. Bichkek, la capitale du Kirghizstan, a été complètement paralysée. La circulation est devenue chaotique, de nombreuses personnes se sont plaintes de pannes de chauffage.

Certains pensent que le boom des cryptomonnaies en est la cause. Après que la Chine a commencé à réglementer l'extraction de cryptomonnaies, qui consomme beaucoup d'énergie, cette activité s'est déplacée au Kazakhstan.

Après une cyberattaque, nous n'avons plus accès à l'internet".

D'autres pensent que la cyberattaque du début de l'année a également touché ces pays. Dans l'UE, le PVD semble être le seul parti qui ose dire ouvertement ce qui se passe réellement.

Ce qui risque de se passer, c'est qu'il y aura une "cyber-attaque" ou une "cyber-pandémie" - dont on accusera ensuite la Russie. Comme si cela faisait partie de la stratégie à l'égard de l'Ukraine. À cause de cette "cyber-attaque" ou "cyber-pandémie", nous allons perdre notre accès à l'internet.

Nous ne pourrons le récupérer qu'avec un "passeport internet". Je pense donc qu'ils vont faire exactement le même tour de passe-passe dans le monde numérique

que celui qu'ils font depuis 2 ans dans le monde physique : d'abord refuser l'accès sous un faux prétexte.

(monde physique : corona, monde numérique : cyberattaques), puis de le rendre "en toute sécurité" avec un passeport. L'identification numérique totalement intégrée est alors une réalité. Et le Great Reset a été réalisé une étape de plus. '

Ainsi, la plus grande partie de la population encore somnambule, y compris les États-Unis, est dirigée par le WEF et les régimes occidentaux qui lui sont subordonnés, vers la prochaine méga-crise planifiée, conçue pour faire passer la Grande Réinitialisation / Reconstruire en mieux / Agenda-2030 communiste, qui menace de devenir la dictature la plus dure et la plus inhumaine qui ait jamais sévi sur notre planète.

Vivre libre ou mourir

Du moins, si la troisième guerre mondiale n'y met pas fin prématurément. À ce stade, ce serait même un moindre résultat. Après tout, il vaut mieux mourir libre que vivre en cage, même si cette cage est numérique. (* Une paraphrase de la phrase d'Emiliano Zapata "Il vaut mieux mourir debout que vivre à genoux"). Vivre libre ou mourir" est la devise de l'État américain du New Hampshire depuis 77 ans, et devrait également être la devise de tous ceux qui accordent encore une certaine valeur à la liberté, à l'autodétermination et au respect des autres.

"La vie est-elle si chère, ou la paix si douce, que l'on puisse l'acheter au prix des chaînes et de l'esclavage ? Interdisez-le, Dieu tout-puissant ! Je ne sais pas quel cours les autres peuvent prendre ; mais quant à moi, donnez-moi la liberté ou donnez-moi la mort !". (Patrick Henry, 1775)

Les politiciens et autres autorités qui ne cessent de vous promettre que vous retrouverez votre liberté si vous répondez à toutes sortes d'exigences (injections, QR codes, bouchons, etc.), ainsi que les personnes qui leur obéissent aussi craintivement qu'aveuglément, peuvent donc très bien être décrits par le texte suivant :

Liberté qu'ils prétendent être, bien qu'ils soient eux-mêmes esclaves de la perdition ; car celui par qui on est vaincu est son esclave. (2 Pierre 2:19)

Crise mondiale

La première dictature mondiale communiste deviendra une réalité d'ici 2022 - Injecter chaque habitant de la terre est la priorité numéro 1 - La prospérité actuelle sera largement démantelée - L'ONU cherche à mettre définitivement fin à la liberté d'expression et de science

Le secrétaire général de l'ONU, le communiste portugais António Guterres, exige que le monde entier passe à l'état d'urgence mondial permanent cette année à cause de Covid-19 et du climat. Et vous pensiez que tout était en train de revenir à la normale, maintenant que vous pouvez à nouveau aller au pub. Mais nous n'avons encore rien vécu de ce que l'ONU, l'OMS, le WEF et le FMI nous réservent, et qui est annoncé de plus en plus ouvertement : une dictature mondiale d'une dureté sans précédent, dans laquelle nous n'aurons plus aucune liberté ni aucun contrôle sur nos vies, pas même sur notre propre corps.

Nous devons faire face à ces menaces ensemble, en nous appuyant sur l'unité et la solidarité", a déclaré António Guterres dans son discours à l'Assemblée générale au début du mois. Il doit y avoir une "mobilisation totale de tous les pays" pour faire face à "cinq situations d'alarme", à savoir Covid-19, le climat, un système financier moralement en faillite, "l'anarchie dans le cyberespace" et le déclin de la paix et de la sécurité dans le monde.

**Arrêter le Covid et injecter tout le monde en priorité n°
1**

L'arrêt du supposé coronavirus (de toute façon
scientifiquement impossible et aussi totalement inutile
sur le plan médical) est la priorité absolue, selon
Guterres. Pour la forme, il a ajouté que le Covid ne doit
pas être utilisé pour porter atteinte aux droits de
l'homme, restreindre les droits civils et imposer des
restrictions disproportionnées, ce qui s'est bien sûr déjà
produit et se produit encore, précisément sur ordre de
l'agence sanitaire de l'ONU, l'OMS.

Le chef de l'ONU a ajouté les mensonges désormais
tristement célèbres et répétés à l'infini : "Nos actions
doivent être fondées sur la science et le bon sens. La
science est claire : les vaccins fonctionnent. Les vaccins
sauvent des vies". Par conséquent, la soi-disant
"inégalité vaccinale" doit être éliminée dès que possible
; d'ici la fin de 2021, 40% de la population mondiale
aura été injectée (= génétiquement modifiée), d'ici la
mi-2022, ce chiffre devrait passer à 70%.

En Afrique, cependant, ce pourcentage ne sera pas
atteint avant 2024. Au lieu que le virus se répande
comme une traînée de poudre, c'est le vaccin qui
devrait le faire", a déclaré António Guterres, soulignant
que 1,5 milliard de doses sont produites chaque mois,
mais que leur distribution dans le monde est
"scandaleusement inégale".

Il a oublié de mentionner que les pays si "désavantagés" par les "vaccins" sont à peine, voire pas du tout, affectés par le Covid-19, et que les pays ayant les taux de vaccination les plus élevés rapportent invariablement le plus grand nombre de malades et de morts. La vraie science a donc prouvé depuis longtemps que vaccins = Covid-19. (Voir la section Covid pour les nombreux articles et liens à ce sujet).

Le gouvernement mondial de l'ONU, de l'OMS et du FEM va bientôt faire de tous les citoyens les mêmes pauvres.

La deuxième alerte concerne la "réforme du système financier mondial". Une fois de plus, on nous sert des crédos socialistes qui semblent tous très beaux et vrais, comme le fait que dans le système actuel, les riches sont récompensés et les pauvres punis. Sa "solution" ? Un système financier mondial centralisé, alors que la centralisation/mondialisation est en fait à l'origine de cette énorme inégalité.

Le "meilleur soutien aux pays en développement" et "un système fiscal mondial plus équitable" revient donc à un transfert forcé massif de richesses des riches vers les pauvres, un nivellement massif de milliards de personnes. Résultat final : tout le monde est également pauvre, à l'exception bien sûr des membres du gouvernement mondial de l'ONU, de l'OMS, du FME et du FMI, contrôlé par les grandes entreprises financières, technologiques et pharmaceutiques, qui sont en train de mettre la main sur TOUTES les richesses et la prospérité, et donc sur le contrôle total de chacun.

La prospérité largement avortée pour une crise du CO2 inexistante

Tous les pays n'ont "pas le choix" de passer à l'état d'urgence pour résoudre la "crise climatique", a poursuivi le communiste racial. Les émissions mondiales de CO2 - qui, en réalité, se situent toujours à des niveaux historiquement bas, presque dangereux, et n'ont rien à voir avec le léger réchauffement climatique stagnant, qui, dans le monde réel, s'est même transformé en refroidissement global - doivent être réduites de 45 % d'ici 2030. Pour ce faire, les sources d'énergie fossiles (pétrole, gaz, charbon), qui constituent la base de notre prospérité actuelle, doivent être largement démolies.

Les investissements massifs et destructeurs de richesse nécessaires à la "transition verte" doivent tripler pour atteindre 5 000 milliards de dollars par an d'ici à 2030. Cependant, les pays riches doivent encore tenir leur promesse de donner 100 milliards de dollars aux pays en développement d'ici 2022 pour y atteindre les objectifs climatiques.

Lutte contre l'infodémocratie = fin de la liberté d'expression

La quatrième alerte concerne le "chaos numérique croissant" qui serait exploité par les "forces les plus destructrices". Guterres se serait-il regardé dans un miroir ? Car s'il pointe à juste titre "l'exploitation de nos informations personnelles pour nous manipuler, changer notre comportement, violer nos droits de l'homme et saper les institutions démocratiques", il veut ensuite réserver exactement ces "droits" exclusivement aux Nations unies.

Nos choix nous sont enlevés sans même que nous nous en rendions compte". En effet, M. Guterres - précisément par l'ONU, l'OMS, le WEF, le FMI et toutes les autres agences mondialistes. Vous êtes ceux qui prônent une dictature mondiale basée sur votre canular sur les pandémies et le climat. Vous êtes ceux qui veulent soi-disant mettre fin à l'"infodémie" et à la "guerre contre la science" - en réalité menée par vous -, mettant ainsi fin à la liberté d'expression et à la liberté de recherche scientifique indépendante - exactement comme cela se passe partout et toujours dans les États communistes.

r

Alors que le monde connaît le plus grand nombre de conflits violents depuis 1945, l'appel à la paix et à la sécurité (/ "paix et tranquillité") est plus fort que jamais. Naturellement, le "populisme" (= la volonté des peuples de rester libres et indépendants et de déterminer leur propre voie) est considéré comme l'un des plus grands dangers.

La "lutte contre le terrorisme" est également mentionnée à nouveau. Les organisations terroristes de loin les plus dangereuses qui ont mis en danger la planète entière - le Pentagone / l'OTAN et le WEF, sans oublier l'OMS = l'ONU elle-même - sont naturellement laissées de côté. Plaider pour le déploiement de troupes et d'argent de l'ONU afin de garantir "les droits de l'homme, en particulier pour les femmes et les filles" en Afghanistan est extrêmement ironique et également ridicule étant donné la récente retraite humiliante des USA/OTAN de ce pays.

Enfin, M. Guterres a souligné que l'unité du Conseil de sécurité de l'ONU était indispensable pour relever tous ces "défis" et que les femmes dirigeantes devaient jouer un rôle central dans "la prévention des conflits et le rétablissement de la paix". Nous avons vu et voyons encore des types comme Angela Merkel, Christine Lagarde, Jacinda Ardern, Hillary Clinton et Victoria Nuland que les femmes à des postes de direction ne garantissent pas toujours moins de mensonges et d'intrigues, plus de transparence et plus d'humanité et de paix - bien au contraire.

Conclusion : le monde libre n'existe plus. Le communisme a gagné après tout. Le fait qu'historiquement tous les pays et systèmes communistes finissent par s'effondrer n'est qu'un maigre réconfort, car on ne peut pas continuer indéfiniment à supprimer les humains et la nature humaine. Malheureusement, un tel effondrement s'accompagne toujours d'un grand nombre de victimes, et cette fois-ci, ce ne sera pas différent.

Refroidissement global

Refroidissement global : Un épais manteau de neige à Jérusalem ; l'eau de mer près de la Grèce est gelée.

En obéissance absolue au gouvernement mondial féodal de l'ONU, qui fonctionne déjà en réalité, le régime de l'UE continue de fonder sa politique climatique et énergétique sur le canular avéré selon lequel le CO2 anthropique provoque un réchauffement de la planète ; un "réchauffement" qui, en réalité, n'existe plus depuis des années. Au contraire, le nouveau minimum solaire, combiné à la diminution rapide du champ magnétique et à la coïncidence de la fin de tous les cycles climatiques (qui annonce toujours une nouvelle ère glaciaire), a déclenché une période de refroidissement global, qui est beaucoup plus dangereuse et nuisible pour l'humanité que le réchauffement fictif de 2 degrés Celsius prévu pour la fin de ce siècle. Les innombrables preuves de ce refroidissement sont visibles dans le monde entier, mais sont déformées ou ignorées par les politiques et les médias.

États-Unis : "La pire tempête de neige de l'histoire".

75 millions d'habitants de la côte Est des États-Unis se préparent à ce qui sera, selon les météorologues, "le pire blizzard de l'histoire" et qui, selon un météorologue de CNN, ne peut être comparé qu'au "plus puissant des ouragans". Hier, 2 000 vols ont déjà été annulés à cause de ce "cyclone-bombe", et aujourd'hui près de 3 500

autres. Une couche de neige de 45 à éventuellement 75 centimètres est attendue.

Dans le sud de la Floride aussi, ce week-end, il ne fera pas aussi froid depuis les années 60, et en début de semaine, une alerte a même été lancée pour des gelées nocturnes. Dans l'État du Kansas, 68 pouces de neige sont tombés cette semaine ; à certains endroits, le record de 76 pouces a été battu. Le Colorado a également connu une tempête de neige . À Nashville, Tennessee, 23,6 pouces de neige sont tombés du ciel entre le 1er et le 21 janvier, soit la plus grande quantité depuis 1985.

Ailleurs, le froid et la neige sont à l'ordre du jour.

* Dans le sud-est touristique de la Turquie (Antalya, Mugla, Dalaman), la première neige depuis 1993 est tombée. Le week-end dernier, certaines parties d'Istanbul ont reçu une couche d'un mètre. Il n'a jamais fait aussi froid dans le pays, à certains endroits presque -40. On a également enregistré des quantités record de neige. Le gouvernement a dû prendre la décision de couper partiellement l'électricité 3 jours par semaine car il ne pouvait plus fournir suffisamment d'énergie ;

Une épaisse couche de neige rare à Jérusalem ; du gel dans le désert du Sahara

Il neige parfois à Jérusalem et dans ses environs, mais il est rarement tombé autant de neige que jeudi dernier. Les routes, les écoles et les commerces ont dû être fermés. De nombreux habitants ont tweeté qu'ils n'avaient jamais connu cela de toute leur vie.

La neige est même tombée dans le désert du Sahara, ce qui ne s'est produit que 5 fois au cours des 43 dernières années (et - compte tenu du refroidissement global - pas tout à fait par hasard en 2016, 2018, 2021 et maintenant 2022). À Ain Sefra (Algérie), il a gelé à -2 degrés.

L'eau de mer gèle au large de la Grèce

Les médias grecs parlent d'un "phénomène unique dans une vie" : Au large des côtes du pays, on a découvert de la glace de mer, que l'on ne trouve normalement que dans les mers polaires. Près de la ville côtière de Sagiada, le point le plus occidental de la Grèce où règne un climat méditerranéen, la température a chuté à près de - 20 C.

Athènes, la capitale la plus chaude de l'Union européenne, a été recouverte d'une couche de neige record lors de la plus forte tempête de neige depuis 1968, et l'île de Mykonos, très prisée des vacanciers, est également devenue blanche. 44 stations météorologiques grecques ont mesuré des températures basses sans précédent, allant de -10 à - 18.

* Les voisins de la Turquie, l'Iran (-27,4) et l'Irak (-30), ont également connu un froid extrême le week-end dernier ; la demande intérieure record a contraint l'Iran

29

à réduire ses livraisons de gaz à la Turquie, ce qui ne pouvait pas tomber plus mal pour ce pays. Les responsables de l'ONU ont parlé de "conditions horribles" dans les camps de réfugiés en raison du froid glacial et de la neige en Syrie. Les enfants marchent pieds nus dans la neige en ne portant que des sandales, et doivent survivre dans des tentes minces et déchirées ;

* Même en Inde, il fait particulièrement frais ; à Delhi, la température officielle de mardi n'a pas dépassé 12,1 degrés, soit 10 degrés de moins que la moyenne. Le mois dernier, il y a déjà eu 11 jours avec des températures inférieures à 17 C.. Les météorologues s'attendent à ce que des records hivernaux soient battus en 2003 ;

Alors qu'il fait plus froid, l'Europe se désintéresse de l'énergie stable et abordable

On s'attend à ce que les températures restent très basses dans le Caucase, en Ukraine, en Turquie, au Moyen-Orient et en Afrique du Nord-Est, ce qui augmentera encore la demande d'énergie, déjà sans précédent, et rendra encore plus aiguë la crise énergétique en Europe, principalement causée par la cession de centrales pétrolières/gazières et nucléaires, et le passage à des sources d'énergie "renouvelables" très coûteuses et très peu fiables (surtout par temps froid) telles que l'éolien et le solaire, plongeant des millions de personnes dans une profonde pauvreté, à

laquelle beaucoup des plus faibles ne survivront
probablement pas.

Un futur techno-dimensionnel ?

Notre série d'articles intitulée "Les portes interdites : Le début de la guerre techno-dimensionnelle" en 2010 était encore considérée par beaucoup comme de la pure science-fiction, quelque chose qui se situait loin dans le futur. Relisez certaines parties de cet article et constatez par vous-même que ce qui semblait être de la SF à l'époque est en train de devenir une réalité dure - et je dirais même particulièrement sinistre -, notamment avec la manipulation génétique Covid/les injections d'oxyde de graphène, le code QR, l'IA et la 5G. Nous allons vous changer", a ouvertement annoncé Klaus Schwab, directeur du WEF, il y a quelques années. Et c'est exactement ce qui a été fait à grande échelle dans le monde entier depuis la fin des années 2020. Les réfractaires à ce contrôle totalitaire bio/tech en devenir, qui mettra fin à toutes nos libertés, aux droits de l'homme et à la vie privée, seront bientôt complètement expulsés de la société.

(16 août 2010 ***) : Les laboratoires scientifiques du monde entier travaillent depuis longtemps sur des technologies révolutionnaires qui modifieront non seulement notre cerveau, notre mémoire et notre corps, mais aussi, selon l'auteur Joel Garreau (livre Radical Evolution), notre âme. Les humains du futur seront méconnaissablement supérieurs à nous - du moins, si l'on en croit les scientifiques et les intellectuels qui composent le mouvement en pleine expansion appelé transhumanisme. Des études menées par certains transhumanistes affirment que l'ADN, élément

constitutif de la vie humaine, peut être modifié de telle
sorte que nous serons en mesure d'interagir avec des
"intelligences invisibles".

Le franchissement de la frontière entre le monde visible
et le monde invisible mettra la foi des gens à l'épreuve
comme jamais auparavant. Un très grand nombre de
croyants pourraient bien être paralysés par la terreur
que suscitent les conséquences surnaturelles de grande
envergure. Le sort de beaucoup d'entre eux - et celui de
leurs familles - pourrait bien dépendre de leur
connaissance de cette nouvelle réalité et du fait qu'ils
s'y seront préparés de manière adéquate.

**Le projet de "remodelage" de l'homme remonte déjà à
plusieurs milliers d'années**

Dans son nouveau livre ("Forbidden Gates"), Thomas
Horn montre qu'une force maléfique vieille de plusieurs
milliers d'années se cache derrière les plans visant à
mélanger les humains, les machines et même les
animaux afin de redessiner l'humanité. Cette puissance
a maintenant réussi à se présenter comme une voie
"progressiste" et "éclairée" pour aider l'humanité à
entrer dans la "prochaine étape de l'évolution". Étant
donné que les machines et les humains "divins"
évoluent rapidement et qu'il existe une volonté
croissante de franchir les frontières établies par Dieu
entre les espèces et les dimensions, les croyants
devront commencer à se préparer à une toute nouvelle
forme de combat spirituel.

Une bataille spirituelle invisible se déroule pour l'âme de chaque être humain, qu'il soit croyant ou non. Il est donc de la plus haute importance de reconnaître la nature de cette bataille, ainsi que les tactiques utilisées par nos mauvais ennemis. Il est important de réaliser que tout le monde est impliqué dans cette guerre, que nous le voulions ou non. Éviter cette bataille, c'est l'avoir perdue d'avance.

Le combat spirituel ou guerre spirituelle commence donc par la reconnaissance du fait que des "agents" et des êtres invisibles existent sur Terre, qu'ils soient bons ou mauvais, et qu'ils cherchent à influencer à la fois notre vie à la maison, à l'église, au gouvernement et dans la société, et notre personnalité.

Le mal a pris le contrôle des gouvernements, des agences et des sociétés.

Ces entités maléfiques (souvent appelées "démons" et "anges déchus" dans les milieux religieux) jouent un rôle majeur dans la société en influençant et en contrôlant les individus, les agences et les gouvernements. Leur étroite coopération avec les soi-disant "architectes sociaux", les personnes et les gouvernements qui poursuivent plus ou moins les mêmes objectifs - à savoir la domination totale de tout et de tous - est encore niée par beaucoup qui sont aveugles à la réalité du monde spirituel. Derrière et à travers les représentants du peuple, les législateurs, les présidents, les dictateurs et même les chefs religieux, ces êtres maléfiques peuvent exercer librement leur pouvoir. Dès qu'un pouvoir religieux ou politique s'élève quelque part contre le bien, ils mettent tout en œuvre pour le présenter sous un jour mauvais et le démolir pierre par pierre, âme par âme.

Dans plus de 30 textes importants, le Nouveau Testament utilise le mot grec "cosmos" pour faire mention de ce système, de cet "empire", de ce "gouvernement derrière le gouvernement". Sous une influence maléfique (/démoniaque), les gens reçoivent un certain pouvoir qui fait que leur ego séparé de Dieu devient de plus en plus hostile à l'humanité, et ils commencent à voir les gens comme des objets qui peuvent et doivent être manipulés et utilisés pour réaliser leurs folles ambitions*.

(le "Great Reset" / "Build Back Better" de Klaus Schwab, l'"Agenda 2030" de l'ONU, la "vaccination universelle" de Bill Gates, le "Green New Deal" de l'UE, etc.)

Certains pensent que ce système a déjà commencé avec la rébellion de Lucifer dans le ciel, lorsqu'il est devenu orgueilleux et s'est aligné sur Dieu. Cet être autrefois exalté a ensuite répandu sa soif inextinguible de pouvoir, de domination et d'hégémonie parmi ses disciples, les agents obscurs encore actifs responsables du principe de "cause à effet" entre les personnalités visibles et invisibles.

Cosmokrators

Les pouvoirs dans cette sphère surnaturelle sont déterminés et mis en place par Satan (/ Lucifer, et ses nombreux autres noms). Il est à la tête d'importants "cosmocrates" - des dirigeants des ténèbres qui agissent dans et à travers leur apparence humaine - qui, à leur tour, commandent aux esprits inférieurs de sorte que toutes les autorités terrestres - tant séculaires que religieuses - peuvent être atteintes et influencées à tous les niveaux.

Si nous pouvions jeter un coup d'œil dans les coulisses de ce monde spirituel, nous serions témoins d'une bataille entre le bien et le mal, avec les âmes des gens en jeu. Des légions entières se disputent le pouvoir sur des personnes, des villes, des territoires, des pays et même des continents. La Bible témoigne de cette réalité dans Luc 4, où le diable emmène Jésus au sommet d'une haute montagne et lui montre tous les royaumes de la terre. Le diable lui dit : "C'est à toi que je donne toute cette puissance et cette gloire, car elles me sont données, et je les donne à qui je veux. Si donc tu te prosternes devant moi, elle sera toute à toi". (vs.6-7)

L'apôtre Paul écrit plus tard aux croyants d'Ephèse : "... car nous n'avons pas à lutter contre le sang et la chair, mais contre les principautés, contre les puissances, contre les dominateurs de ces ténèbres, contre les esprits mauvais dans les lieux célestes". (Eph.66:12 *) C'est là que l'opposition à Dieu trouve son origine. Les conflits et les affrontements entre personnes, institutions et gouvernements sont donc souvent les manifestations visibles d'une lutte qui se déroule dans le monde invisible, spirituel. ("royaumes célestes" que nous pourrions appeler "dimensions" dans le langage moderne).

2021 était-elle la véritable "année 1" du nouvel ordre mondial luciférien ?

Horn a découvert, lors de ses recherches pour son livre, que 2012 était mentionnée dans divers rapports gouvernementaux comme " l'année 1 " de la nouvelle " amélioration " humaine techno-dimensionnelle. La programmation prédictive - avec toutes ses tromperies et ses données cachées - est l'un des principaux moyens par lesquels les Maçons / Illuminati obéissent à leur "code" pour toujours faire savoir à l'humanité quels sont leurs plans. 2012 pourrait-il en réalité signifier 2021 comme "année 1" du Nouvel Ordre Mondial Luciférien, l'année où, avec les injections de manipulation génétique Covid-19, a commencé la transformation finale de l'homme en un être qui sera bientôt coupé à jamais de la vraie Lumière, de Dieu ?

Alors réalisez bien que ce ne sera pas encore des "centaines" d'années, ni des "décennies". Ce que les puissances occultes ont soigneusement préparé pendant des milliers d'années est sur le point de se révéler à l'humanité / d'être imposé à l'humanité. L'horloge fait inexorablement tic-tac vers l'année cible de 2012 (/ 2021 ?). Une fois que vous aurez pleinement compris cela, vous serez également en mesure de vous préparer et de vous soutenir ** dans ce qui s'avérera être la période la plus exaltante et la plus déconcertante de toute l'histoire de l'humanité. (/ A suivre)

** À l'exception d'un groupe encore beaucoup trop restreint, la grande majorité (au moins 8 sur 10, quelle que soit leur foi ou leur croyance) ne semble pas du tout préparée mentalement et spirituellement à cette guerre finale contre l'humanité, qui a été définitivement déclenchée avec les programmes de vaccination climatique (l'Agenda-2030, le Great Reset, etc.). Le temps qui reste pour arrêter cet agenda diabolique et tenter de réparer les dégâts est très, très court.

L'avortement progresse

Tous les pays où le taux de vaccination Covid est le plus élevé présentent une surmortalité très élevée en 2021 - Données officielles du gouvernement américain : 15600% de maladies cardiaques en plus chez les jeunes de moins de 30 ans - Les CDC confirment une surmortalité de 40% chez les 18-49 ans d'ici 2021

Une nouvelle analyse des données officielles du VAERS américain par le Dr Jessica Rose montre que le nombre d'avortements spontanés dus aux injections de Covid-19 est passé à 416 186. Les mêmes statistiques gouvernementales montrent une augmentation de 15600% des maladies cardiaques chez les jeunes "vaccinés" jusqu'à l'âge de 30 ans.

Le Dr Rose est arrivé à un URF de 118 (under reporting factor) dans le VAERS pour les avortements spontanés en se basant sur les données récemment publiées (DEMD) par le ministère de la Défense. Comme le chiffre de 2021 est de 3527, le nombre réel est de 416 186. Seul 1 % d'entre eux n'ont pas été causés par le "vaccin".

Tant à l'intérieur qu'à l'extérieur du VAERS, il y a maintenant plus qu'assez de preuves que les injections de Covid perturbent et/ou endommagent les organes reproducteurs féminins, de façon temporaire ou permanente. Le 21 janvier, nous avons écrit que près de 50 000 femmes et jeunes filles "vaccinées" ont développé des troubles menstruels rien qu'aux Pays-Bas, en Belgique et en Grande-Bretagne.

Les femmes enceintes ont été exclues des phases de test en 2020. Le fait que les injections aient été recommandées aux femmes enceintes ou aux femmes ayant un désir immédiat d'avoir des enfants par la suite relève donc, au minimum, de pratiques médicales néfastes, mais en fait même de crimes contre l'humanité.

L'injection de Covid cause 3250% de plus de victimes du vax

Le VAERS a enregistré plus d'un million de victimes individuelles du vaccin Covid le 21 janvier, dont 22 607 décès. Ce chiffre d'un million en un peu plus d'un an dépasse les 915 813 (dont 29 542 décès) dus à tous les autres vaccins au cours des 31 dernières années combinées, et représente une augmentation annuelle de 3250%. Les gouvernements, les médias et les scientifiques qui prétendent encore que l'injection de Covid est "sûre" mentent donc comme des arracheurs de dents.

Sur plus d'un million de personnes qui ont développé des problèmes de santé après leurs injections, 2132 jeunes de moins de 30 ans ont une myocardite ou une péricardite. Ce chiffre double presque pour atteindre 3912 si l'on inclut tous les types de maladies cardiaques, et pas seulement les deux plus connus.

Pour tous les autres vaccins (80+), 23 personnes de moins de 30 ans contractent une maladie cardiaque après leur injection chaque année. Pour les vaccins Covid, le chiffre est de 3611 personnes de moins de 30 ans par an, soit une augmentation considérable de 15600%. Notez qu'il ne s'agit que des données officielles du VAERS, dont il a été déterminé il y a des années qu'elles n'incluaient au maximum que 1% du nombre réel de décès dus aux vaccins.

CDC : Mortalité de la main-d'œuvre : 40

Nous avons déjà signalé que, selon les statistiques du grand assureur OneAmerica, en 2021, le taux de surmortalité parmi la population active américaine âgée de 18 à 49 ans était de 40 % (voir notre article du 3 janvier : Covid vaxxicide : Les assureurs américains signalent 40 % de décès supplémentaires dans la population active) . Ce pourcentage est désormais confirmé par les CDC.

Dans la plupart des États, une grande partie de la surmortalité a été automatiquement attribuée au Covid. Cela se fait de la même manière extrêmement trompeuse qu'aux Pays-Bas ; par exemple, si quelqu'un a eu une crise cardiaque ou un accident de la route, et qu'il s'avère être "positif" avec un faux test PCR, cette personne entre dans les statistiques comme une victime du Covid.

Les décès excédentaires étaient les plus élevés au Nevada (65% / 36% dus à Covid), au Texas (61%, dont

58% dus à Covid) et en Arizona (57%, dont 37% dus à Covid). Le District de Columbia a rapporté un taux de mortalité encore plus élevé de 72 %, dont 0 % était dû à Covid.

Il y a eu près de 6 000 décès supplémentaires dans cette tranche d'âge dus à des pneumonies non liées au Covid. La grippe semble également avoir pris de soudaines vacances aux États-Unis (seulement 50 décès), à moins que le Covid ne soit qu'un nouveau nom pour la grippe. De nombreux autres décès sont attribués aux drogues (notamment le fentanyl) ; le nombre de décès est passé à 101 000 au cours des 12 mois précédant juin 2021. En 2019, il n'y en a eu "que" 72 000.

Dans le groupe d'âge de 50 à 84 ans, le taux de surmortalité était de plus de 27 % (plus de 470 000 décès supplémentaires). Dans près de 4 cas sur 5, le Covid était mentionné comme la (co)cause du décès.

Tous les pays où le taux de vaccination par Covid est le plus élevé présentent une surmortalité très importante.

Je pense qu'il est très probable qu'au cours de la prochaine phase, le nombre de décès éclipsera les allégations concernant le nombre de victimes du Covid", a déclaré le Dr Mike Yeadon, ancien vice-président de Pfizer. Bien que les preuves soient toujours circonstancielles, d'après les chiffres et les statistiques, il ne fait aucun doute que l'énorme surmortalité dans les pays où le taux de vaccination par Covid est le plus élevé est effectivement due aux injections.

La tendance "Plus d'injections de Covid = Plus de décès" est trop frappante partout pour être qualifiée de "coïncidence". En Écosse, par exemple, 87 % des adultes ont été " vaccinés " ; les décès hebdomadaires sont désormais supérieurs de 30 % à la normale. En Allemagne, on a constaté une surmortalité de 10 % pour un taux de vaccination de 80 % (septembre 2021).

La forte augmentation des décès au Danemark, en Finlande et en Norvège, dont le nom est "mystérieux" et qui est plus élevée que pendant les pires semaines de la "pandémie" de corona, est également allée de pair avec l'augmentation constante du nombre d'injections. Les Pays-Bas, premier pays d'Europe pour les injections selon certaines statistiques, ont même connu le taux de surmortalité le plus élevé depuis la Seconde Guerre mondiale.

Des victimes de plus en plus jeunes

Selon VigiAccess, la base de données de l'OMS sur les vaccins, 41 % des 2,4 millions de maladies et de décès par injection enregistrés ont moins de 44 ans. Seuls 6 % ont 75 ans et plus. Les injections de Covid provoquent donc une véritable hécatombe chez des personnes de plus en plus jeunes, mais les médias ne sont pas autorisés à en parler. Ils se contentent donc de mentionner des causes inventées et non prouvées, comme le "stress de la pandémie" ou la "variante Omicron", en réalité très bénigne.

Pourquoi la mortalité a-t-elle été plus élevée en 2021 qu'en 2020, année de la pandémie, alors qu'il n'y avait aucune "vaccination" ? Poser la question, c'est y répondre : parce que les vaccinations étaient en place dès 2021. Les statistiques mondiales le montrent indéniablement. En Afrique, il n'y a quasiment pas de Covid, alors que le taux de vax y est très faible. L'Europe et les USA sont inondés de personnes présentant des symptômes de Covid, alors que le taux de vax y est très élevé.

La mortalité globale chez les personnes vaccinées est juste (beaucoup) PLUS ÉLEVÉE

Si le Covid est aussi dangereux qu'on le prétend, et le vaccin aussi efficace qu'on le prétend, alors nous devrions maintenant voir beaucoup plus de décès liés au Covid parmi les personnes non vaccinées que parmi les personnes vaccinées", a récemment déclaré le professeur Norman Fenton (Université Queen Mary de Londres), en se référant aux statistiques officielles de l'ONS. Et si le vaccin est sûr, comme on le prétend, alors il devrait y avoir beaucoup moins de décès supplémentaires dus à des causes autres que le Covid chez les personnes vaccinées que chez les personnes non vaccinées".

Or, le professeur a découvert le contraire. En fait, la mortalité globale chez les personnes vaccinées est (beaucoup) PLUS ÉLEVÉE que chez les personnes non vaccinées. De nombreux hôpitaux rapportent que les masses de personnes (vaccinées) qui arrivent maintenant sont beaucoup plus malades qu'elles ne l'ont jamais été. Même NPR a reconnu que la plupart de ces personnes, qui arrivent avec des thromboses graves, des maladies cardiaques, des douleurs aux organes et des problèmes respiratoires, entre autres, n'ont pas de Covid.

Fenton espérait qu'un débat s'ensuivrait, mais au lieu de cela, il est maintenant soudainement rejeté comme un extrémiste, ce qui arrive partout à quiconque ose remettre ouvertement en question, ne serait-ce qu'une seconde, ces injections intouchables et "sacrées" de manipulation génétique déclarées.

Les médias complices de cette extermination massive ?

Dans un avenir proche (d'ici 1 à 3 ans), les jeunes vaccinés pourraient bien être confrontés à une énorme vague de maladies graves. Par exemple, le New York Post a rapporté que les experts avertissent qu'une maladie grave spontanée peu connue (SCAD) qui provoque une crise cardiaque, et qui touche normalement surtout les femmes entre 30 et 60 ans, s'abat maintenant aussi sur les jeunes femmes en forme de 22 ans.

Des articles similaires apparaissent dans un nombre croissant de médias occidentaux qui semblent préparer le public à accepter un taux beaucoup plus élevé de maladies et de décès par défaut, en particulier chez les jeunes. "Les médias semblent-ils avoir accepté leur rôle de complices dans cette extermination de masse, ou est-ce une exagération ?", demande à juste titre le britannique The Exposé.

Des crises cardiaques partout ?

Un avocat américain révèle une augmentation choquante du nombre de victimes de la vaccination sur la base de chiffres prétendus - les chiffres canadiens confirment une pandémie de personnes vaccinées : L'efficacité des injections de Covid n'est pas de 95 %, mais de 425 %.

Une nouvelle analyse des chiffres et des développements actuels montre que 62,3 millions de personnes dans le monde pourraient mourir de maladies cardiaques d'ici 2022 à cause des injections de Covid-19. Des termes tels que vaxxicide (génocide vaccinal), dépopulation et extinction massive commencent donc à devenir de plus en plus réels. Comme nous l'avions prédit en 2020, ces décès seront faussement attribués à une variante du Covid (ou à une maladie induite par le Covid) afin que les gens continuent à faire la queue pour leur prochaine injection de rappel.

Le nombre d'athlètes professionnels touchés par une maladie cardiaque grave et/ou mortelle a doublé tous les trois mois l'an dernier. La FIFA a recensé 31 footballeurs professionnels décédés en 2021, passant de 2 au premier trimestre à 21 au dernier trimestre. Ils peuvent être considérés comme le proverbial canari dans la mine de charbon. Les footballeurs de haut niveau sont les premiers à mourir parce qu'ils mettent le cœur à rude épreuve avec les entraînements constants et les nombreux matchs. L'un des footballeurs les plus célèbres qui a survécu de justesse est Sergio Aguero, qui ne pourra toutefois plus jamais fouler le terrain en raison de sa maladie cardiaque vax.

En novembre 2021, nous vous parlions d'un rapport de l'American Heart Association (AHA), qui prévenait que d'ici cinq ans, les personnes vaccinées auront plus que doublé leurs chances de subir une crise cardiaque. En supposant que l'explosion des maladies cardiaques déclenchée l'année dernière se poursuive au même rythme, et que le nombre de vaxxers (aujourd'hui 51,6 % dans le monde) ne continue pas à augmenter.

Normalement, une moyenne de 8,9 millions de personnes meurent chaque année de maladies cardiaques. Au rythme actuel, ce chiffre menace de devenir 71,2 millions cette année, soit une augmentation de 62,3 millions de décès. Cela signifie que les injections de Covid tueront plus de personnes que le VIH/SIDA, et ce uniquement à cause des crises cardiaques. Cela ne tient même pas compte des nombreuses autres causes identifiées de décès dus à ces injections de manipulation génétique de l'ARNm, comme le VAIDS (= vaccine-AIDS résultant d'une destruction progressive démontrée du système immunitaire) et la dégénérescence neurologique.

Les vaxxers ne peuvent qu'espérer que leur système immunitaire endommagé se rétablira spontanément et vaincra les protéines toxiques de pointe produites par les injections dans leur propre corps. Or, jusqu'à présent, rien ne l'indique, bien au contraire. Depuis des mois, la tendance est indéniablement dans une seule direction : Plus d'injections = Plus de malades et de morts.

Augmentation choquante des maladies graves chez les militaires en bonne santé de base

Ceci est confirmé, entre autres, par les chiffres (DMED) du Département de la Défense des Etats-Unis. L'avocat Thomas Renz travaille depuis des mois au nom des victimes du vax, ignorées et abandonnées à leur sort par les politiciens, les médias et la communauté médicale. Lundi dernier, lors d'une audition avec le sénateur Ron Johnson, il a présenté les statistiques choquantes, divulguées par des médecins militaires qui ne pouvaient plus supporter le nombre stupéfiant de jeunes militaires en bonne santé qui ont développé des maladies graves et d'autres troubles médicaux après leurs "vaccinations".

Selon eux, les injections de Covid dans l'armée ont maintenant causé ce qui suit :

* 300% de fausses couches en plus chez les femmes soldats (4182, par rapport à la moyenne normale sur cinq ans de 1499) ;

* près de 300% de diagnostics de cancer en plus (114645 au cours des 11 premiers mois de 2021, contre 38700 par an en temps normal)

49

* 1000% de plus de troubles neurologiques (de 82 000 normaux à 863 000 l'année dernière) ;

* 269% de plus d'infarctus du myocarde ;

* Paralysie de Bell (paralysie faciale) 291% plus fréquente ;

* 156% de malformations congénitales en plus (chez les enfants du personnel militaire) ;

* Une infertilité 471% plus fréquente chez les femmes militaires ;

* 467% de plus d'embolies pulmonaires.

Dans une déclaration sous serment, l'un des dénonciateurs militaires affirme que "c'est mon opinion professionnelle que les augmentations les plus significatives des cas de fausses couches, de cancers et de maladies susmentionnés ont été causées par les vaccinations Covid-19". (Notant qu'une personne vaccinée peut avoir été affectée par plus d'une des conditions mentionnées, et que les pourcentages sont donc basés sur le nombre de diagnostics, et non sur le nombre de cas individuels).

Selon M. Renz, la charge de la preuve incombe au gouvernement, et non l'inverse, d'autant plus que tant les militaires que les civils sont contraints de se faire injecter un produit expérimental dont les fabricants sont par avance exonérés de toute responsabilité. Si les injections sont "sûres et efficaces", comme on le prétend encore, le Pentagone ne devrait avoir aucun problème à expliquer la cause de cette augmentation gigantesque de maladies, de troubles et de pathologies.

Canada : Les vaccins ont une efficacité NÉGATIVE de 425 %.

Et le fait que cette cause réelle semble être les injections elles-mêmes est également démontré par une analyse indépendante minutieuse des données officielles du gouvernement canadien. Au lieu d'une efficacité prétendue de 95 %, les "vaccins" ont une efficacité NÉGATIVE de 425 % chez les personnes entièrement vaccinées dès l'âge de 12 ans. Pas moins de 89% de tous les nouveaux cas attribués à Covid en janvier étaient entièrement vaccinés.

Pfizer est parvenu à ce chiffre de 95 % par le biais d'une méthode de calcul trompeuse désormais tristement célèbre, à savoir en comparant, pendant la phase de test, le nombre d'infections coronaires dans le groupe placebo (162) au nombre d'infections dans le groupe "vacciné" (8). Le tableau aurait été beaucoup plus juste si ces nombres de soi-disant "infections" avaient été rapportés au groupe total testé de 21830 personnes. En effet, la différence ne serait alors que de 0,7 %.

De nombreux gouvernements nationaux ont utilisé un sale tour similaire dans leurs statistiques mensuelles sur les "infections" en indiquant le nombre total de personnes non vaccinées dès le début de la campagne vax (décembre 2020/janvier 2021). Ce faisant, ils ont donné la fausse impression que la part du lion des "infections" était constituée de personnes non vaccinées.

Toutefois, grâce aux archives Internet, il est possible de connaître exactement les chiffres réels. Dans le cas précité du Canada, entre le 21 décembre et le 22 janvier, 49579 "cas" ont été recensés parmi les personnes non vaccinées, et un nombre énorme de 390401 parmi les personnes vaccinées. Il en résulte un taux d'efficacité "vaccinale" stupéfiant de -425%.

Injections basées sur un modèle informatique de "virus".

Encore une fois, ces données prouvent que les injections de Covid-19 rendent en fait les gens beaucoup plus sensibles aux symptômes de la maladie attribuée à Covid. C'est à dessein que nous continuons à décrire la situation de cette manière, puisque le directeur scientifique de Novavax a reconnu devant les caméras à la fin de l'année dernière qu'ils n'avaient PAS accès à un virus "vivant", mais seulement à un modèle informatique. En d'autres termes, les "vaccins" de manipulation génétique ont été formulés sur la base d'informations de laboratoire (génétiques) fournies par la Chine sur un coronavirus supposé être à l'origine du Covid-19.

Nous écrivons depuis début 2021 qu'il semble suspect que le Covid-19 soit en fait causé par les injections (ce que nous avions prédit en 2020, d'ailleurs). Mais "tous ceux qui étaient malades en 2020" ? Premièrement, il ne semble pas y avoir eu de surmortalité cette année-là. Deuxièmement, le nombre d'IC/admissions dans les hôpitaux de l'UE était inférieur à celui des cinq années précédentes. Troisièmement, la grippe normale de cette année-là a soudainement et anormalement presque disparu, et les supposés "patients Corona" présentaient tous des symptômes qui auraient été attribués à la grippe n'importe quelle autre année. Ainsi, les tests PCR standard également utilisés dans l'UE ont été interdits aux États-Unis à partir du 1er janvier parce qu'ils ne permettent pas de distinguer le corona de la grippe.

A la question posée par de plus en plus de personnes de savoir si nous n'avons pas été gigantesquement arnaqués depuis 2020 par une fausse "pandémie", qui n'a été inventée que comme prétexte pour soumettre le monde entier à une dictature totalitaire communiste ONU/OMS/FEM/FMI de vaccins climatiques, on peut donc sans l'ombre d'un doute répondre par OUI.

Le super VIH dans l'UE ?

Les chiffres officiels du gouvernement canadien (système immunitaire ramené à une moyenne MIN de 81% grâce aux injections) indiquent une prochaine épidémie de SIDA parmi les personnes entièrement vaccinées.

Vous souvenez-vous de nos précédents ouvrages sur le lien entre les injections de Covid, qui sapent le système immunitaire, et l'émergence d'une nouvelle forme de SIDA ? Eh bien, les médias américains ont rapporté il y a quelques jours que des scientifiques ont découvert une " variante VB " virulente du VIH (" super VIH ") aux Pays-Bas . Notre pays est en tête des pays les plus "vaccinés" d'Europe (en juillet 2021, il aurait été de 90%, puis ce pourcentage a été fortement réduit, sans doute pour continuer à "justifier" le verrouillage en cours et d'autres mesures). Puisque les injections ont été déclarées intouchables et sacro-saintes, nous pouvons nous attendre à la déclaration absurde, désormais prévisible, des médias grand public, selon laquelle tout est la faute d'une variante de Covid et que, par conséquent, davantage de "vaccinations" seront bientôt nécessaires.

Ce genre de mensonges avérés est toujours avalé sans réserve dans l'UE - en partie grâce à toutes sortes d'"idiots utiles" sans esprit critique du gouvernement, issus de programmes télévisés bien connus - bien que, petit à petit, de plus en plus de gens commencent à réaliser qu'au cours des deux dernières années, de nombreuses déclarations sur Corona / Covid et les "vaccinations" se sont avérées fausses, et que des promesses ont été faites qui n'ont pas été tenues ou qui ont été rompues à plusieurs reprises.

Non seulement aux Pays-Bas, mais aussi au Canada, les choses menacent de mal tourner pour les personnes vaccinées dans un avenir proche : les chiffres officiels du gouvernement suggèrent que la plupart d'entre elles sont effectivement en train de développer le Vax-SIDA maintenant que leur système immunitaire a été dégradé à une moyenne de MIN 81%. (Voir aussi notre article du 2 février : (/ Les chiffres canadiens confirment la pandémie de personnes vaccinées : L'efficacité des injections de Covid n'est pas de 95 % comme on le prétend, mais de MIN 425 %).

Les avertissements de Pierre Capel se sont avérés justifiés : le système immunitaire est détruit

Des scientifiques indépendants, comme le professeur néerlandais d'immunologie expérimentale Pierre Capel, avertissent depuis l'été 2020 que les injections d'ARNm représentent un énorme danger potentiel pour la santé, car elles permettent à votre propre corps de produire la partie la plus toxique du coronavirus, la protéine Spike. Les politiciens et les parlements ont toutefois refusé d'écouter les voix critiques ; des "injections" de masse devaient être effectuées, car ce serait la "seule solution".

Aujourd'hui, ses craintes semblent avoir été justifiées. Chez la plupart des gens, le système immunitaire ne semble pas revenir à son état normal et naturel après les injections de Covid. Les personnes non vaccinées ont maintenant un système immunitaire qui fonctionne manifestement beaucoup mieux (au moins 5 fois plus fort), également contre toutes sortes de variantes de Corona / Covid. Chez les vaxxers, c'est le contraire qui est vrai ; la dégradation choquante à MIN 81% a été obtenue par le calcul suivant :

Pourcentage de "cas" non vaccinés (au Canada) - Pourcentage de "cas" vaccinés / pourcentage le plus élevé de non vaccinés / pourcentage de vaccinés = état du système immunitaire. En chiffres : 418.4 - 2220.23 = 1801.83 / 2220.23 x 100 = - 81.55%. (Auparavant, les mêmes statistiques officielles montraient une efficacité vaccinale déconcertante de MIN 425%).

Absurde : Les forts ne peuvent presque rien faire, les faibles peuvent tout faire.

Le vaxxer canadien moyen n'a donc plus que 18,45 % de son système immunitaire pour lutter contre toutes sortes de virus, cancers, etc. La question est de savoir si et quand les 18,45% restants auront également disparu, il n'y aura plus aucune résistance et toutes ces personnes auront contracté le SIDA.

Malgré cela, ce sont précisément ceux dont le système immunitaire est intact qui sont maintenant exclus de certaines parties de la société à l'aide de codes QR et de cartes de vaccination, et ceux dont le système immunitaire est détruit à différents stades qui sont à nouveau autorisés à faire n'importe quoi et à se "contaminer" mutuellement avec tout et n'importe quoi. Ce qui normalement ne serait pas un problème, mais maintenant la variante complètement innocente d'Omicron, et même chaque simple rhume qui ne causerait rien de plus qu'un écoulement nasal ou une toux chez les personnes non vaccinées, peut littéralement devenir une menace pour la vie.

Tous les arguments en faveur de toutes les mesures sont désormais écrasés

Quoi qu'il en soit, les chiffres canadiens ont indéniablement écrasé tous les arguments en faveur des laissez-passer pour les vaccins, des codes QR et certainement des vaccinations obligatoires, et devraient être une raison suffisante pour que tout politicien ayant encore un peu à cœur les intérêts de ses électeurs, et pas seulement ceux de Big Pharma et de sa propre position, intervienne et cesse immédiatement d'administrer ces injections expérimentales de manipulation génétique déguisées en "vaccinations".

Espérons qu'un miracle se produise et que le système immunitaire de millions de vaxxers se rétablisse spontanément dans les plus brefs délais. Sinon, nous pourrions bien être à la veille d'une catastrophe sanitaire inimaginable qui submergera complètement nos soins médicaux et dont les autorités pourraient profiter pour instaurer la dictature la plus dure et la plus inhumaine que nous ayons jamais connue dans notre histoire.

Selon les chercheurs, la variante VB du VIH, aujourd'hui découverte, serait restée non détectée dans l'UE pendant plus de deux décennies. Elle aurait été découverte soudainement à partir de la base de données des patients atteints du VIH, et d'une douzaine de cas existants présentant une charge virale inhabituellement élevée.

Vraiment ? Au milieu des preuves toujours plus nombreuses d'une prochaine épidémie de Vax-VIH, une nouvelle variante virulente est "accidentellement" découverte dans le top-vax EU, qui est censé exister depuis les années 1990 ? Avec le corona (dont des scientifiques de haut niveau ont déjà déclaré au premier semestre 2020 qu'il contenait des éléments clairs du VIH, qui n'ont pu être déployés qu'en laboratoire*), cela ne devrait bien sûr avoir aucun rapport, et encore moins avec les injections de Covid.

Des décès quotidiens ?

Dans une seule base de données, on a déjà enregistré 3,2 MILLIONS de cas d'effets secondaires soi-disant "rares". Les politiciens qui continuent d'appliquer ces "vaccins" sont-ils en réalité des criminels qui mettent leur vie en danger au vu de ces chiffres ?

Les chiffres de la base de données officielle de l'OMS à Uppsala, en Suède, confirment une fois de plus le carnage provoqué par les injections de manipulation génétique Covid-19. Ces dernières semaines, 68 personnes meurent chaque jour à cause de ces "vaccins". En outre, 3,2 millions de cas de vaxxers présentant des effets secondaires supposés " rares " ont déjà été enregistrés. Si l'on considère ensuite que l'on ne sait absolument pas dans quelle mesure cette base de données de l'OMS contient les chiffres tout aussi choquants de l'EMA européenne (EudraVigilance) et du VAERS américain, on peut alors supposer sans risque que le nombre réel de victimes de ce vaxxicide (génocide vaccinal) est beaucoup plus élevé.

Ce qui est frappant dans la base de données de l'OMS, c'est qu'elle comporte également un très grand nombre de catégories dans lesquelles les victimes des vaccins sont réparties. Un effet secondaire "principal" tel qu'une "déficience" est toujours décomposé en de nombreux sous-diagnostics qui reviennent en fait au même. La raison en est évidente : il s'agit de maintenir les chiffres visuellement aussi bas que possible, ce qui a un effet psychologique trompeur séculaire. Prenons l'exemple d'Action : la plupart des articles sont vendus à des prix si bas que les clients remplissent rapidement tout leur panier. Après tout, "tout est si bon marché". À la caisse, ils ressortent soudain avec un montant élevé.

Les bases de données créent un faux sentiment de sécurité

Si quelqu'un voulait étudier toutes les maladies et affections qui entrent dans les catégories mentionnées, cela prendrait des mois. Ainsi, même si les autorités devaient surveiller de près la prétendue "sécurité" des "vaccins" de manipulation génétique Covid, elles n'y parviendraient pas, compte tenu de la quantité gigantesque de données et de la manière dont elles ont été compilées.

Ainsi, ces bases de données semblent être conçues principalement pour donner au public la fausse impression que tout est contrôlé correctement. En réalité, personne ne contrôle la sécurité des injections de Covid-19, car personne ne le peut.

N'oubliez pas que les effets secondaires signalés proviennent principalement de personnels médicaux indépendants et/ou consciencieux, et non de ceux qui sont payés, directement ou indirectement, pour vendre ces "vaccins" comme "sûrs" et "efficaces" au public. C'est l'une des principales raisons pour lesquelles la base de données européenne EMA/EudraVigilance ne contient que 6 % du nombre réel de victimes, et la base de données américaine VAERS seulement 1 %. Le signalement des effets secondaires est fortement découragé et rendu presque impossible pour les médecins à bien des égards (comme l'administration extrêmement élevée par cas).

La souffrance humaine est délibérément dissimulée

Dans la base de données de l'OMS aussi, la recherche de cas concrets, c'est-à-dire de souffrances humaines concrètes, est vaine. Presque tout est dissimulé sous des termes froids, médicaux ou scientifiques, dénués de sens pour la plupart des gens. Cela crée délibérément une distance entre les effets secondaires et les victimes, qui sont ainsi essentiellement déshumanisées. Comme si elles n'étaient rien de plus que de la "malchance", rien de plus que des "chiffres" ennuyeux, et non des personnes qui ont été en bonne santé ou qui ont vécu.

Prenez, par exemple, deux autopsies récentes de deux adolescents morts subitement dans leur sommeil d'une myocardite aiguë, un effet secondaire reconnu des injections de Covid (en l'occurrence de Pfizer). Où peut-on trouver dans la base de données que le cœur de deux jeunes gens en bonne santé de base a été mortellement endommagé par ces injections de manipulation génétique de Pfizer ? Nulle part.

Des graphiques basés sur des chiffres officiels sans équivoque

Cela ne veut pas dire qu'il n'y a pas d'informations utiles à glaner dans cette bande de données. L'entrepreneur et analyste Erik Boomsma l'a déjà fait avec la base de données européenne EudraVigilance, en creusant tout cela - un travail énorme. Une équipe de ScienceFiles a fait de même avec la base de données de l'OMS, principalement pour voir s'il existe effectivement un lien statistique entre le nombre croissant de personnes "vaccinées" et le nombre toujours plus élevé de rapports d'effets indésirables.

Et en effet, même au cours de ces semaines, les signes sont sans équivoque, et il existe de nombreuses maladies du sang, des maladies cardiaques, des troubles auto-immuns (comme le syndrome de Guillain-Barré) et des maladies graves attribuées au "Covid-19" qui sont le résultat direct de ces injections de manipulation génétique "vaccinale".
Ces augmentations disproportionnées constituent une indication forte et indéniable de l'existence d'un lien de causalité direct avec le nombre sans cesse croissant de personnes qui se sont fait injecter au cours de l'année écoulée. Au cours de la semaine écoulée, 53 392 rapports de personnes présentant un ou plusieurs effets indésirables à la suite d'un "vaccin" Covid-19 ont été ajoutés, ce qui porte le nombre total dans la seule base de données de l'OMS à 3 258 829. 19 222 de ces personnes enregistrées sont décédées. Au cours des dernières semaines, 68 personnes en moyenne sont mortes chaque jour des suites d'un "vaccin" Covid.

Vaxxicide

Si nous appliquons les pourcentages d'Eudravigilance (6 %) et du VAERS (1 %), établis par des recherches universitaires indépendantes, au nombre de décès figurant dans la base de données de l'OMS, nous arrivons à un nombre réel de décès dus au vax Covid de 320 367 et 1 922 200 respectivement.

Nous pouvons donc affirmer sans risque qu'en un peu plus d'un an, plusieurs centaines de milliers de personnes ont certainement été tuées par ces injections de manipulation génétique. Sans parler du nombre beaucoup plus important de personnes qui ont souffert d'effets secondaires et de maladies graves, souvent permanents.

Mais si vous appelez cela un vaxxicide (génocide vaccinal), alors vous êtes un "conspirationniste", un "cinglé". Je suis désolé, mais contrairement à la politique et aux médias grand public, je ne peux pas considérer un seul être humain insensé tué sous de faux prétextes comme un "dommage collatéral". Chaque personne qui, sous la forte pression du gouvernement, de l'employeur ou de la société, s'est laissée piéger par une injection contre un virus respiratoire commun, dont la dernière variante est certainement à peine perceptible, est un drame inutile qui aurait pu et dû être évité.

Et encore une autre famille détruite

Après tout, il ne s'agirait que de votre partenaire, de votre enfant, de votre ami ou d'un membre de votre famille. Prenons l'exemple de la Canadienne Chantelle Watt, dont le mari de 34 ans, en parfaite santé, est soudainement décédé peu de temps après ses injections de Covid, en présence de leurs deux jeunes enfants.

Sur les médias sociaux, Chantelle - comme 90 % du reste des personnes qui ont automatiquement cru aux mensonges du gouvernement - avait toujours été une fervente partisane des mesures de confinement, de vaccination et autres. Jusqu'à ce que son mari tombe raide mort, et qu'après autopsie, il soit révélé que son cœur avait été soudainement et complètement détruit en un court laps de temps. Il n'a pas fallu longtemps pour qu'elle réalise que les anti-vaxxers avaient raison depuis le début :

J'étais un mouton. Je l'admets sans ambages. Brandon et moi croyions fermement au vaccin et regardions d'un air suffisant les manifestants, les théoriciens du complot et tous les messages anti-vax. Depuis le 5 novembre, mes yeux ont été ouverts. Je dois à Brandon de partager les raisons pour lesquelles je crois qu'il est maintenant mort. Ce qui l'a tué, et pourquoi ses filles n'ont maintenant plus de père".

Son coeur était gravement endommagé. Il y avait tellement de tissu cicatriciel qu'il ne pouvait littéralement plus battre. Je n'avais aucune chance de le réanimer. Le rapport officiel indique que son cœur entier a été endommagé - pas seulement un ventricule ou une zone - de haut en bas. Complètement attaqué, pendant plusieurs mois. Le virus qui l'a tué était probablement le vaccin ARNm.

Comment peut-on qualifier un gouvernement, un parlement, un institut scientifique, un organe de presse et tous les autres - comme les exécutants qui posent ces seringues sur les gens - qui nient ou minimisent ces chiffres choquants et ces tragédies humaines et qui, au contraire, continuent d'exiger avec une grande coercition que l'on injecte à tout le monde les mêmes substances qui mettent la vie en danger, autre chose que

des criminels ?

Des meurtriers de masse ?

Ou au moins des complices ?

La chute de Trudeau ?

Ce n'est pas seulement un combat contre Trudeau. Il reçoit ses ordres du WEF, tout comme l'Australie, la Nouvelle-Zélande et l'Europe. C'est un combat pour la liberté des peuples".

Ces dernières semaines, amis et ennemis se sont émerveillés de la rapidité avec laquelle le Premier ministre canadien Justin Trudeau a perdu son sang-froid face à la manifestation massive des camionneurs. Avec des réponses absurdes, comme qualifier les camionneurs de "nazis, antisémites et homophobes", et insister sur le fait qu'ils ne représentent qu'une "infime minorité" alors que le convoi de camionneurs battait tous les records, il se rendait chaque jour de plus en plus incroyable et impossible à regarder. Même dans son propre parti, les choses commencent maintenant à gronder. Le modèle IA de l'économiste américain Martin Armstrong avait prédit une "crise de panique" en politique en 2022 il y a quelques années, avec le Canada en tête. Le moment de la chute de Trudeau est-il vraiment proche, et si oui : combien de laquais et de garçons de courses de Klaus Schwab - nous pensons aussi à notre régime national WEF Rutte/Kaag - suivront ?

En tant qu'économiste de renommée internationale, M. Armstrong a personnellement serré la main de M. Schwab et l'a regardé dans les yeux, écrit-il. 'Je doute que beaucoup de ceux qui parlent de lui comprennent la véritable nature de son agenda.' Trudeau a commencé à suivre les ordres de Schwab en 2018, et on peut dire la même chose de nombreux autres dirigeants occidentaux, comme Rutte et Kaag. Dans ce contexte, Armstrong attire l'attention sur une vidéo du WEF dans laquelle le Premier ministre australien Morrison promet de détruire l'économie avec des verrouillages durs comme le roc, afin que Schwab puisse faire passer brutalement son " économie des parties prenantes ", le " changement climatique " et la fin de tout ce qui est " fossile " (= prospérité et liberté).

Personne n'est élu pour mener à bien la grande réinitialisation.

Ces élus ne représentent PAS le peuple", a poursuivi M. Armstrong. PERSONNE n'a fait campagne avec ce programme (Great Reset / Build Back Better). Pour être élus, ils mentent, puis ils reçoivent des ordres du Forum économique mondial. Tous les pays qui ont opprimé leur peuple le plus durement avec cela (fermetures de Covid, restrictions d'éloignement social, vaccinations forcées, etc.) sont contrôlés par Schwab !".

Schwab essaie de toutes ses forces d'imposer ses théories économiques (marxistes) au monde, et il le fait d'une manière beaucoup plus directe que Karl Marx. Comme les communistes, le dirigeant du WEF veut prendre le contrôle total de toutes les entreprises et commencer à décider de ce qu'elles peuvent/doivent produire, en quelle quantité, dans quelles conditions, et si elles doivent continuer à exister.

Des fonds de pension vidés de leur substance pour des projets climatiques insensés

L'assèchement complet des fonds de pension en est un élément important. Les fonds de pension des Pays-Bas étaient de loin les plus riches d'Europe, mais ils ont été habilement remis par le régime Rutte - sans que les médias et les citoyens ne s'en aperçoivent - à l'UE et au FME afin de soutenir l'euro et de financer le programme climatique tout aussi coûteux et dévastateur, qui doit conduire à une dictature communiste européenne de type super-État.

Les pensions australiennes subissent maintenant le même sort. Le plus grand fonds de pension, selon le Financial Times, va "investir" 27,3 milliards d'euros en Grande-Bretagne et dans l'UE, selon M. Armstrong, uniquement "dans des projets déficitaires (= projets climatiques/énergie verte), afin d'aider l'Europe qui s'effondre et d'ignorer ses propres citoyens. Bien sûr, ils présentent les choses différemment, mais il n'y a aucune raison d'investir en Europe maintenant qu'elle a de graves problèmes (financiers et économiques)".

Il faut briser l'emprise de Schwab sur les pays".

Les camionneurs canadiens ont un excellent timing, poursuit l'économiste. Ils doivent briser l'emprise que Schwab exerce sur le Canada (et les Pays-Bas)". Entre-temps, la protestation des camionneurs a pris de l'ampleur. Par exemple, les entreprises de remorquage refusent de travailler pour le gouvernement et de remorquer les camionneurs. Ils doivent mettre le gouvernement à genoux. Même son propre parti commence à sévir. Trudeau est faible et idiot en écoutant Schwab, qui ne se soucie pas du tout de son avenir. Tout ce qui compte pour Schwab, c'est d'imposer ses théories économiques au monde entier".

Ce n'est PAS seulement un combat contre Trudeau. Il reçoit ses ordres du WEF, tout comme l'Australie, la Nouvelle-Zélande et l'Europe. C'est un combat pour la liberté des peuples.

Ceux qui soutiennent des gens comme Biden et Trudeau (et Rutte, Kaag et Timmermans) n'en ont aucune idée. Ce sont des moutons qui refusent d'ouvrir les yeux sur le fait qu'il s'agit d'une grave conspiration internationale visant à imposer la philosophie économique d'un homme terriblement malade par des moyens antidémocratiques. Il ne s'agit pas d'une théorie de conspiration. Il s'agit de la conspiration la mieux organisée pour s'emparer du monde, allant bien au-delà de tout ce que l'on peut voir dans les films de James Bond".

La même stratégie a été utilisée à l'époque pour introduire l'euro, la monnaie qui aurait été rejetée par tous les peuples européens si elle avait été soumise à un référendum.

Le chancelier allemand Helmut Kohl a admis avec regret qu'il aurait perdu un tel référendum avec 70 % de votes négatifs et qu'il a donc introduit l'euro pour des raisons purement idéologiques (l'étape suivante vers un super-État européen).

Mais "l'effondrement de l'euro est probablement inévitable vers 2026/2027", avertit Armstrong. Avec exactement la même stratégie, ces dirigeants mondiaux essaient maintenant de faire passer l'agenda 2030 (Great Reset) de Schwab, sans JAMAIS permettre aux gens de voter dessus, ni même se rendre compte que cet agenda existe.

Ils appellent cela une théorie du complot, afin que les gens restent aveugles au même concept et à la même stratégie qui ont créé l'euro".

Les journalistes qui le soutiennent sont des marxistes et des traîtres".

Tout journaliste qui nie cet agenda est, selon lui, un marxiste déguisé. Ils n'ont aucun respect pour notre avenir, nos droits de l'homme ou tout ce qui fait que la vie vaut la peine d'être vécue. Nous sommes nés avec des droits inaliénables (comme le droit à l'autodétermination de notre propre corps et de notre propre santé, qui est aujourd'hui bafoué), pas pour être des esclaves économiques sous un pouvoir central.'' Il qualifie donc de "traîtres" les journalistes qui soutiennent l'agenda du WEF.

Il s'agit d'une conspiration visant à nous rendre esclaves des théories économiques déréglées d'un homme qui a endoctriné le monde de manière extraordinairement intelligente", conclut M. Armstrong. Et je l'ai regardé dans les yeux, face à face. La plupart des commentateurs ne peuvent pas en dire autant'.

Bankrun au Canada ?

La prochaine phase du coup d'État du Forum économique mondial contre l'Occident est lancée au Canada

Le premier ministre canadien de gauche Justin Trudeau s'est finalement révélé être un dictateur fasciste dur comme fer en déclarant la loi martiale contre les manifestations parfaitement pacifiques et largement soutenues des camionneurs. Sa décision extrême selon laquelle le gouvernement peut désormais saisir les comptes bancaires des citoyens à tout moment sans décision de justice semble avoir provoqué une ruée vers les banques dans le pays, selon des rapports non encore confirmés.

Selon de nombreux messages sur les médias sociaux, les banques retirent tellement d'argent que les sites Web de toutes les grandes banques canadiennes (Banque Royale, Banque de Montréal et Banque CIBC) sont actuellement hors ligne.

En rentrant chez moi, je me suis arrêté à la banque pour retirer tout mon argent, à l'exception de ce qui est nécessaire pour les prélèvements automatiques, comme les assurances", a déclaré quelqu'un sur Twitter. J'ai entendu le couple devant moi, d'Europe de l'Est, demander également des centaines de milliers. Seulement deux clients, presque un demi-million. Bon travail, junior !

Maintenant que le régime canadien est devenu une tyrannie totalement anarchique et qu'il a effectivement mis le peuple hors la loi, les citoyens ne font plus confiance à leurs gouvernements et à leurs banques. À juste titre, beaucoup pensent que si le gouvernement peut simplement confisquer l'argent collecté pour les camionneurs et bloquer leurs comptes, la même chose peut leur arriver s'ils osent être en désaccord avec Trudeau.

Les Canadiens, d'ailleurs, ne sont plus autorisés à quitter le pays librement. Cela n'est également autorisé que si toutes les règles strictes de Trudeau sont respectées. Les médias sociaux sont désormais strictement censurés, tout comme en Chine. La liberté d'expression a complètement disparu - sauf, bien sûr, pour ceux qui proclament l'"opinion" de Trudeau.

Bientôt l'UE et les États-Unis aussi si le WEF obtient ce qu'il veut.

Ce qui se passe au Canada, à savoir la prochaine étape du coup d'État du Forum économique mondial de Klaus Schwab, hostile aux humains, peut également être attendu à court ou moyen terme aux États-Unis et dans l'Union européenne. Après tout, le slogan du WEF est le suivant :

Vous ne posséderez rien.

Et ce "rien" comprend, en plus de vos finances et de vos biens, TOUTES vos libertés et votre contrôle, y compris le droit de décider de votre propre corps et de votre santé.

Vous pouvez oublier la partie "vous serez heureux". Les seuls qui seront heureux sont les pouvoirs en place, avec Klaus Schwab, Bill Gates et George Soros en tête, ainsi que tous leurs laquais dans la politique nationale et internationale.

Le Canada a maintenant été "choisi" pour inaugurer une nouvelle phase vers la dictature communiste la plus dure et la plus inhumaine que cette planète ait jamais connue. Je peux vous dire que cela pourrait également se produire aux Pays-Bas si les citoyens, les entreprises, les institutions et les forces de l'ordre ne se lèvent pas pacifiquement en masse pour dire NON à cette destruction délibérée de tout ce qui a été construit après la Seconde Guerre mondiale.

D'ailleurs, qui croit - à part les idiots utiles et tous les profiteurs de ces états malades - les promesses quotidiennes et vides de "nos" dirigeants ? J'ai entendu tellement de gens qui sont tombés gravement malades après la piqûre de rappel, pour qui c'est vraiment la goutte d'eau qui a fait déborder le vase de leur dernière foi. Cela ne les a pas aidés du tout ! Ils ont juste menti. Avec moi, la seringue ne reviendra pas !". Ou encore : "J'ai fait quatre tests d'affilée, deux étaient positifs, deux négatifs". Ils n'ont qu'à regarder avec leur quarantaine, ça n'a vraiment plus de sens.

"Convoi de la liberté"

En Europe, la guerre avec la Russie semble devenir le prétexte pour faire passer une fois pour toutes la Grande Réinitialisation - Report ?

Comme nous l'avons écrit à de nombreuses reprises, les gouvernements occidentaux en faillite cherchent désespérément des prétextes tels que la pandémie de Covid pour imposer la dictature communiste du "Great Reset" dans leurs pays. Nous avons également régulièrement mis en garde contre le fait que les manifestations de grande ampleur - qu'elles soient spontanées ou orchestrées - peuvent servir de prétexte pour déclarer l'état de siège afin de faire passer une fois pour toutes le WEF Reset.

En effet, il semble que ce soit ce qui est sur le point de se produire avec le convoi pour la liberté au Canada, dont nous avons rendu compte avec prudence depuis le début. Le Premier ministre Justin Trudeau envisage en fait de déclarer la loi martiale. En Europe, une guerre sous faux drapeau avec la Russie serait l'occasion parfaite pour nos gouvernements d'écraser nos derniers lambeaux de liberté. En d'autres termes, le coup de massue contre lequel nous avons mis en garde à de nombreuses reprises semble arriver.

Le tyran canadien aurait réuni son cabinet hier soir en vue d'une éventuelle activation de la loi sur les urgences, faisant de l'état d'urgence / état de siège une réalité.

Aujourd'hui, il en parlerait à tous les premiers ministres. S'ils sont d'accord, Trudeau pourrait alors utiliser une force extrême pour mettre fin au convoi de la liberté, qui a été totalement pacifique, qui n'a rien endommagé et qui bénéficie d'un soutien populaire écrasant.

Les lois d'urgence "temporaires" ne disparaissent jamais d'elles-mêmes

Depuis 2020, nous avons pu voir ce qu'il advient des lois d'urgence dites " temporaires " : elles ne disparaissent jamais. Si Trudeau devait effectivement plonger son pays dans la loi martiale, alors le peuple canadien n'a plus qu'une seule chose à faire pour retrouver sa liberté : tenter de le déposer par tous les moyens possibles.

Malheureusement, même un tel soulèvement populaire et une telle révolution semblent faire son jeu - à moins que la résistance soit si massive et unie que la police et l'armée se rangent du côté des citoyens.

Paris : Gaz lacrymogène contre des manifestants pacifiques

En France, dans le cadre de la variante européenne du convoi de la liberté - jusqu'à présent une pâle ombre de l'original canadien - des manifestations de masse ont été traitées avec des gaz lacrymogènes à Paris, dont des familles innocentes assises sur des terrasses ont également été victimes. Le camarade dictateur de Trudeau, Emanuel Macron, se frottera probablement

les mains, car il disposera ainsi d'une arme
supplémentaire pour déclarer le statut d'État en France
également.

Les migrations de New York ?

La ville de "Lady Liberty" se transforme rapidement en un enfer totalitaire pour le Forum économique mondial.

Chaque jour, 1300 personnes abandonnent le New York de gauche et partent pour la Floride de droite, où il n'y a pratiquement pas de mesures coviduelles et où la liberté existe encore. New York est l'un des exemples types de la dictature totalitaire de la "grande réinitialisation" que le Forum économique mondial de Klaus Schwab tente d'imposer au monde entier, mais surtout à l'Occident.

À Noël, la gouverneure Kathy Hochul a proposé de nouvelles "réglementations" que l'on peut qualifier de tyranniques et sur lesquelles le Conseil de santé publique de l'État se prononcera prochainement. Si le Conseil de santé publique de l'État se prononce, l'enjeu est de taille : des personnes peuvent être arrêtées arbitrairement dans la rue et des enfants scolarisés peuvent être vaccinés de force sans le consentement de leurs parents.

Le maire Eric Adams a déjà licencié plus de 1 400 fonctionnaires, policiers, pompiers et plus de 900 enseignants pour avoir refusé de se faire injecter. Pendant ce temps, partout où vous allez à New York, vous êtes immédiatement traité de manière agressive par des BOA autoproclamés et autres employés "Vaxxistasi" respectueux des lois dès que vous osez laisser votre protège-dents baissé quelques secondes de trop après avoir bu une gorgée de votre boisson.

Des vols à main armée ont lieu en plein jour dans des quartiers et des rues auparavant sûrs. À Soho, une boutique de luxe a été prise d'assaut et dévalisée pour environ 50 000 dollars.

Vaccination forcée des enfants dans les écoles

Et ce n'est que le début de la misère, car la nouvelle réglementation Covid de la gouverneure Kathy Hochul est sur le point d'être appliquée. Sans que les parlementaires puissent se prononcer, le Conseil de la santé publique envisage maintenant une loi extrême qui permettra à l'État de qualifier arbitrairement N'IMPORTE QUI de "danger pour la santé" et de l'arrêter. De plus, les personnes arrêtées n'ont aucun droit par la suite. Les "dissidents" - y compris les manifestants pour la liberté - peuvent ensuite être arrêtés et emprisonnés sans procès.

En outre, le gouverneur peut rendre obligatoire le port permanent de masques buccaux et interdire toute visite dans les maisons de retraite.

En outre, les écoles seront autorisées à "vacciner" de force les élèves sans le consentement des parents, et donc à leur injecter les injections de manipulation génétique Covid-19 qui se sont avérées dangereuses pour la vie. En outre, le Conseil des Régents de l'État de

New York va voter une obligation générale de vaccination pour tous.

Schwab utilise la santé partout comme un moyen d'imposer le marxisme".

New York est en train de sombrer dans un pandémonium total", conclut l'économiste américain Martin Armstrong . Cela fait partie de l'agenda de Schwab - utiliser la santé comme un moyen d'imposer le marxisme". Voici encore l'image authentique de Schwab dans son bureau, où se trouve une statue de Lénine.

Et c'est à partir de cet homme que le régime néerlandais VVD66 met actuellement en œuvre son programme complet de "grande réinitialisation" / "reconstruire en mieux", qui transforme également notre pays, étape par étape, en une dictature totalitaire de vaccination climatique dans laquelle "vous ne posséderez rien" (mais le gouvernement/les banques/le complexe pharmaceutique tout, même VOTRE corps et VOTRE santé).

Le WEF peut être considéré comme une organisation terroriste.

Armstrong qualifie donc le WEF d'"entité étrangère dont l'objectif manifeste est le contrôle total du monde et le renversement des États-Unis" (ainsi que des démocraties européennes, dans la mesure où elles sont encore dignes de cette appellation).

Contribuer et mettre en œuvre l'agenda du WEF-Great Reset équivaut donc à une trahison du peuple et de la nation, dont les auteurs dans la politique, les institutions, la science et les soins de santé devraient être jugés par un tribunal militaire.

Il est donc tout à fait concevable que le WEF soit officiellement qualifié d'organisation terroriste internationale, bien plus dangereuse qu'ISIS, Al-Qaïda, le Hezbollah et tous les autres groupes islamiques extrémistes réunis.

Développement d'un détecteur de photons

Le Radarchip pourrait plus tard être intégré aux smartphones - Une nouvelle technologie contribue à la mise en place d'un réseau intelligent qui transforme notre planète entière en une prison numérique géante dont il est impossible de s'échapper.

Alors que dans certains pays, les mesures Covid sont assouplies - très probablement de manière temporaire - ou même levées, le travail de construction d'une société totalitaire transhumaine contrôlée par les (bio)technologies se poursuit sans relâche. Des scientifiques de l'université de Sydney mettent au point un radar à photons, qui peut être utilisé pour scanner des objets et aussi des corps humains à grande distance.

Le dispositif, qui fonctionne non pas avec des ondes radio mais avec des ondes lumineuses, est si sensible avec sa très haute résolution (1,3 centimètre) qu'il peut détecter le lieu, la vitesse et la position (angle) avec une précision centimétrique. En combinaison avec les nanotechnologies 5G injectées via des "vaccins", il peut être utilisé pour mettre en place un système de contrôle étanche auquel rien ni personne ne pourra jamais échapper.

Le "radar photonique avancé" peut, par exemple, surveiller en permanence la respiration et le rythme cardiaque d'une personne. Cette technologie peut donc également être utilisée dans les hôpitaux.

Un seul radar peut ainsi surveiller tous les patients simultanément (ainsi que tous les autres patients de l'hôpital). Le lien physique avec son propre moniteur externe ne sera donc plus nécessaire pour tous les patients.

Radar basé sur les ondes lumineuses

Les systèmes radar traditionnels fonctionnent avec des ondes radio de différentes fréquences. Plus la fréquence est élevée, plus l'image d'un objet - par exemple, un avion - est détaillée. Cependant, les radars à large bande passante sont complexes et très coûteux.

L'équipe australienne a trouvé une solution à ce problème : un radar basé sur des ondes lumineuses. Nous utilisons en fait une astuce photonique pour générer un tel radar à large bande passante, sans avoir besoin d'une électronique très rapide", explique le professeur Benjamin Eggleton, chercheur principal et directeur du Nano Institute de l'université de Sydney. Et c'est là que réside la magie.

Le radar à photons, qui a une résolution extrêmement élevée de 1,3 centimètre, est censé être inoffensif pour les humains et les animaux et est d'abord testé sur des crapauds. Si la technologie est jugée sûre, des tests sur des humains suivront. Une fois qu'un prototype avancé aura été mis au point, une version miniature pourrait être intégrée aux smartphones, affirment les scientifiques.

Impossible de s'échapper du réseau intelligent en cours de construction

Avec le "réseau intelligent" 5G (plus tard 6G) en cours de construction dans le monde entier et les nanotechnologies injectées à des milliards de personnes par le biais de "vaccins", le monde entier, y compris tous les objets et toutes les personnes, sera bientôt surveillé, contrôlé et même dirigé ou "corrigé" en temps réel par des systèmes d'intelligence artificielle. La planète entière deviendra ainsi une grande prison numérique permanente dans laquelle il n'y aura plus aucune forme de vie privée et où la "liberté" sera soumise à des règles très strictes.

En termes métaphysiques, on pourrait même conclure qu'une sorte de "dieu" est en train de se créer : "Je vois tout et à chaque instant, et je sais exactement ce que vous faites et pensez.

La technologie permettant de lire et de contrôler les pensées est en développement depuis des années (voir, entre autres, notre article du 23 décembre 2021 : Un tribunal condamne un professeur de Harvard qui détient un brevet sur une nanotechnologie de contrôle mental 5G qui peut être injectée avec des vaccins), ainsi que des systèmes de "pré-crime" qui pourraient prédire si et où une personne va commettre un crime.

Quoi qu'il en soit, l'obéissance absolue ("l'adoration") de ce "dieu" de l'I.A. sera bientôt très facile à imposer -

sauf pour ceux qui ne se sont pas laissés injecter ou manipuler génétiquement et qui refusent sans réserve d'être inclus dans cette "grille". Ils seront considérés comme des dissidents indésirables et risquent déjà d'être retirés de la société (= de cette vie) avec les méthodes les plus dures possibles d'ici quelques années.

Qui mettra un terme à cette élite mondialiste ?

Quoi qu'il en soit, le Pentagone se frotte déjà les mains de joie devant le nouveau radar à photons, car vous ne pensez tout de même pas que cette merveilleuse technologie sera utilisée à grande échelle pour le bien de l'humanité ? Cela ne pourra se produire que lorsque cette élite mondialiste Rockefeller-Rothschild totalement anti-humaine, avec ses têtes tristement célèbres Bill Gates, Klaus Schwab et George Soros, ainsi que leurs institutions telles que le WEF, l'ONU/OMS, le GIEC, l'OTAN et le FMI, auront disparu de la scène.

Mais qui va le faire, maintenant que pratiquement tous les gouvernements et administrations - en particulier les Néerlandais - sont complètement en leur pouvoir et dansent à leur rythme ? Peut-être peut-on tirer un peu d'espoir du fait que ce club d'administrateurs nationaux et internationaux à l'avidité effrénée et à la corruption totale n'est plus mû que par la tromperie, les mensonges, la déception et la trahison, et que, pour cette raison, il n'y aura pas de véritable confiance entre eux.

Je pense donc que tôt ou tard, les mondialistes se retourneront les uns contre les autres et s'attaqueront mutuellement comme des bêtes féroces. Je crains seulement que cela ne s'accompagne de guerres terribles et d'un nombre inimaginable de victimes si les peuples ne parviennent pas à retrouver leur liberté et leur autodétermination dans un délai très court.

Terreur spatio-temporelle ?

Un super accélérateur de particules aurait été utilisé pour manipuler le temps et tenter de modifier la ligne du temps, selon certaines théories.

Alors que tout le monde a été distrait par la guerre en Ukraine, la crainte d'une troisième guerre mondiale avec la Russie et l'imminence d'un krach financier qui déclenchera la "Grande destruction" puis la "Grande réinitialisation" pour installer une dictature mondiale totalitaire à base de vaccins climatiques, quelque chose s'est passé en arrière-plan qui alimente les spéculations anciennes et nouvelles sur l'ouverture de portails vers d'autres dimensions.

En effet, le Grand collisionneur de hadrons du CERN (Conseil européen pour la recherche nucléaire) a été remis en marche. Situé à la frontière entre la Suisse et la France, ce plus grand accélérateur de superparticules du monde est plus puissant que jamais après une mise à niveau de 3 ans. Selon certaines théories, le collisionneur a été utilisé pendant plusieurs années pour tenter de manipuler le temps, et même de modifier la ligne du temps.

Des découvertes spectaculaires

Le LHC, dont le coût s'élève à 7,5 milliards d'euros et qui est de loin l'instrument scientifique le plus coûteux au monde, a été construit entre 1998 et 2008, atteignant une énergie inimaginable de 13 TeV (téraélectronvolts) en 2015. Les scientifiques du CERN y mènent des expériences uniques sur les particules depuis 2009-2010 et ont découvert plusieurs choses étonnantes au fil des ans, dont le fameux boson de Higgs ("particule de Dieu") en 2012.

Les physiciens de l'expérience LHCb ont découvert l'année dernière que la réalité est probablement structurée différemment de ce que nous pensons. Les résultats de l'expérience de physique des hautes énergies (hep-ex) "Test of Lepton universality in beauty-quark decays" se résument plus ou moins au fait que la nature semble posséder une (cinquième) force fondamentale inconnue, qui mettrait à mal le modèle standard utilisé jusqu'à présent.

En janvier, le LHCb aurait détecté des particules dites X dès les premières secondes de la naissance de l'univers. Cette découverte a été qualifiée de "l'une des plus grandes découvertes scientifiques récentes".

En 2025, débutera le projet de LHC à haute luminosité (HL-LHC), destiné à rendre l'accélérateur encore plus efficace pour recueillir davantage de données des expériences. Par ailleurs, en 2019, le CERN a présenté le projet d'un accélérateur de particules encore plus grand, le Future Circular Collider de 100 kilomètres, qui devrait coûter environ 10 milliards. À titre de comparaison, le LHC ne fait "que" 27 kilomètres de long.

Expériences de manipulation du temps

Le CERN ayant déjà mené des expériences de création de nuages artificiels pour mieux comprendre le changement climatique, certains prétendent que la "machine" est secrètement utilisée pour manipuler le temps.

La "machine du Jugement dernier" ?

Les spéculations de type science-fiction selon lesquelles l'énorme accélérateur de particules circulaire pourrait être utilisé pour ouvrir des trous noirs destructeurs ou, au contraire, des portails vers d'autres dimensions, sont généralement rejetées par les scientifiques.

Néanmoins, à l'époque, un groupe de scientifiques a tenté d'empêcher la mise en service de la "machine du Jugement dernier" du LHC, car les expériences pourraient produire des "trous noirs" qui, dans le pire des cas, pourraient "engloutir" complètement la Terre en quatre ans. La tentative a échoué, mais le collisionneur a néanmoins dû être fermé en raison de problèmes techniques.

Un scientifique du CERN suggère une passerelle vers une autre dimension.

Après un faux départ en 2008, le Grand collisionneur de hadrons a été mis en service en 2009. Lorsqu'un phénomène inexpliqué ressemblant à une spirale a été filmé dans le ciel nocturne de la Norvège en décembre de la même année, certains l'ont associé à la mise en service de l'accélérateur de particules à Genève.

Toutes sortes de théories farfelues ont fait surface à son sujet ; par exemple, on a dit que l'appareil était en fait une "porte des étoiles" géante, une passerelle vers une autre dimension d'où des extraterrestres ou d'autres entités pouvaient éventuellement émerger.

Au départ, personne ne prenait ces histoires au sérieux, jusqu'à ce que le scientifique du CERN Sergio Bertolucci étonne amis et ennemis en 2010 en déclarant que le collisionneur pourrait effectivement ouvrir une porte vers une autre dimension "d'où quelque chose pourrait émerger", selon sa description littérale.
Plus tard, il aurait - peut-être sous la pression - minimisé sa déclaration en affirmant que par "quelque chose", il entendait uniquement de nouvelles particules inconnues.

Fin 2010, l'accélérateur a de nouveau fait parler de lui lorsque des documents internes du CERN ont révélé que le risque de libération de particules subatomiques dangereuses pendant les expériences était beaucoup plus élevé que ce qui était officiellement admis.

Le lauréat du prix Nobel Frank Wilczek a même averti que le collisionneur pourrait produire des strangelets négatifs qui feraient se contracter notre planète entière en une boule ultra-dense de 15 kilomètres d'épaisseur seulement. Le CERN a indiqué qu'il avait construit un dispositif spécial, le CASTOR, pour détecter ces strangelets.

Retourner les Annunaki, le diable, ou l'antéchrist ?

Devant le bâtiment principal du CERN - dont le logo comporte "666(/6)" - se trouve une statue de la divinité hindoue Shiva, le dieu du temps, de la destruction et de la transformation. Cette image religieuse symboliserait, selon certains, les efforts secrets du CERN pour ouvrir d'autres dimensions, et plus précisément pour ouvrir un "portail" pour le retour des Annunaki (une race extraterrestre, selon les ésotéristes) sur Terre.

D'autres ont pensé (/pensent) que la "machine" ouvrira en fait une "porte" vers le "monde souterrain", les demeures dimensionnelles d'êtres sombres appelés "démons" et "diables" dans la Bible.

Dans les milieux chrétiens de l'époque, on racontait que le diable / Lucifer, "l'antéchrist" et/ou son "esprit" émergerait du portail, après quoi il prendrait le pouvoir sur le monde entier. Comme cela ne semble pas encore s'être produit, ces vieilles spéculations seront probablement ravivées avec le redémarrage du LHC.

Autres lignes du monde/du temps

Une autre théorie "fantastique" est qu'une forme de voyage dans le temps aurait été découverte avec le LHC. Au début du siècle, un certain John Titor est apparu sur des chaînes alternatives en prétendant être un

91

voyageur du temps de 2036. Il a déclaré que le LHC conduirait à la découverte d'autres "lignes du monde" (lignes temporelles), et donc à une forme de voyage dans le temps. Il a également prédit des choses comme la guerre nucléaire, qui ne se sont pas produites (jusqu'à présent).

En 2009, Titor aurait été démasqué comme un canular, mais néanmoins, l'insigne militaire qu'il aurait ramené du futur n'est pas sans rappeler l'écran de chargement du site web du CERN en 2019, qui présentait pas mal de similitudes avec celui-ci.

Trompeur ou non, des physiciens mathématiciens comme Irini Aref'eva et Igo Volovich ont suggéré qu'à un moment donné, le LHC deviendra suffisamment puissant pour déformer ("déformer") l'espace-temps et créer des trous de ver. Il serait alors possible de voyager dans le temps jusqu'au moment où la machine a été mise en marche.

Grâce à cette technologie de distorsion, il serait également possible, en théorie, de manipuler et de modifier la ligne temporelle spatiale existante pour l'amener à un certain résultat "souhaité". Il existe des spéculations selon lesquelles cela est déjà en cours afin d'empêcher un grand "réveil" du monde et, d'un point de vue religieux, d'empêcher une intervention attendue et annoncée de Dieu ou de la Lumière. Dans ce cas, la "fin des temps" ne se terminerait pas par la rédemption promise, mais plongerait l'humanité - du moins, la partie qui survivra à cette apocalypse - dans une horrible prison "éternelle".

Le meurtre de Hong Kong

Hong Kong, qui applique une politique de "zéro Covid", a adopté des mesures de confinement strictes, telles que la fermeture des écoles et des terrains de jeux. Une nouvelle décision visant à traumatiser les enfants et à leur apprendre à être totalement obéissants aux autorités est l'abattage massif de hamsters, dont quelques-uns auraient été testés positifs au Covid-19 dans une animalerie.

Comme on sait depuis longtemps que ces tests donnent des résultats complètement faux dans le monde entier, on peut se demander si ce génocide de hamsters n'est pas le prélude à un génocide planifié de toutes les personnes non vaccinées.

Le gouvernement veut tuer tous les hamsters nés entre le 22 décembre 2021 et le 7 janvier 2022, car ils pourraient être "contagieux" pour les humains. Le responsable médical Edwin Tsui a d'ailleurs reconnu que cela se produit rarement, et qu'il est plus probable que les deux employés d'une animalerie de 23 ans aient été infectés par d'autres personnes.

L'AFCD (Agriculture, Fisheries and Conservation Department) souhaite désormais que les propriétaires de hamster fassent euthanasier leur animal. Toute personne qui remet son hamster doit signer une déclaration indiquant que cette mesure est prise sur une base volontaire.

Les habitants de Hong Kong sont habitués à des
manifestations régulières contre les mesures
totalitaires, et ont déjà formé de nombreux groupes de
protestation en ligne. Des centaines de personnes ont
proposé de s'occuper des hamsters des animaleries.

Des hamsters maintenant, des non-vaccinés bientôt ?

Michael Tien, membre du Conseil législatif, pense
même que tous les hamsters devraient être confisqués
et euthanasiés. Est-ce un exercice pour le jour où ils
commenceront à sévir contre les personnes non
vaccinées ? se demande l'économiste américain Martin
Armstrong. Il n'y a aucune raison médicale d'introduire
des lois aussi cruelles".

Je pense qu'il a raison. Il s'agit d'un nouveau test pour
voir comment les gens vont réagir au fait de tuer des
êtres vivants à cause d'un supposé "virus". À cet égard,
nous avons été conditionnés dans l'UE pendant un
certain temps avec l'abattage massif de bétail (volaille)
dans les fermes, appelé par euphémisme "abattage".
Par exemple, les visons prétendument infectés par le
"Covid-19" ont été abattus en masse en 2020. Au début
du mois, 189 000 poulets ont été tués dans deux
exploitations avicoles de Bentlo en raison de la
présence supposée de la grippe aviaire.

L'abattage d'animaux domestiques, comme à Hong
Kong, est la prochaine étape vers le génocide de toutes
les "créatures" indésirables qui refusent de suivre le

faux récit totalitaire Covid/lockdown/vax imposé par le gouvernement.

Ou en d'autres termes : les non-vaccinés (toujours 1 sur 6 en moyenne en Occident).

Dans l'Union européenne également, les médias sociaux ont déjà suggéré que les animaux domestiques "infectés" soient obligatoirement abattus. Selon le gouvernement, le risque d'une "infection" par votre animal est très faible.

Est-ce que toute la vie doit disparaître parfois ?

Le fait que les animaux puissent contracter un virus respiratoire n'a rien de nouveau et constitue en soi LA preuve que le "zéro Covid", ou même le fait de "contenir" la couronne, est une absurdité totale, car un tel virus ne pourra jamais être éradiqué - à moins que vous n'ayez l'intention de rendre (presque) TOUTE vie impossible sur cette planète.

Compte tenu des politiques contre-productives et insensées de l'Occident en matière de dégradation du climat et de l'énergie, et certainement des mesures coercitives tout aussi mensongères et dévastatrices de verrouillage, de distanciation sociale et de "vaccination", ainsi que de la volonté constante de longue date, et actuellement portée à des niveaux extrêmes, de provoquer une guerre majeure avec l'une des deux plus grandes puissances nucléaires du monde, je commence à avoir le sentiment que cela pourrait effectivement être l'objectif sous-jacent.

Si les membres du régime WEF/OMS de Rutte et de son faux parlement sont conscients de cela, et/ou peut-être même y collaborent, ils peuvent mieux répondre par eux-mêmes.

L'Iran et la Russie travaillent ensemble ?

La Russie protège les livraisons d'armes iraniennes à la Syrie, laissant Israël impuissant - Le Kremlin trace une ligne défensive autour de la Syrie ; patrouilles conjointes des forces aériennes russes et syriennes.

Un changement de donne potentiel a eu lieu discrètement au Moyen-Orient. La Russie a en effet commencé à protéger activement les livraisons d'armes iraniennes à destination de la Syrie contre les attaques israéliennes à la bombe et aux missiles, qui durent depuis longtemps. Les Russes ont également utilisé des armes électroniques pour perturber les systèmes GPS israéliens pendant un certain temps hier, affectant les vols civils à l'aéroport Ben Gurion près de Tel Aviv. Alors que la Russie commence à protéger plus activement son allié syrien, l'État juif est rendu pratiquement impuissant. En effet, Jérusalem ne prendra jamais le risque d'une guerre avec la Russie, même avec le soutien quasi automatique des États-Unis à ses côtés.

Les analystes du renseignement israélien considèrent que le fait de laisser les cargaisons d'armes iraniennes atterrir sur la base aérienne russe permanente de Hmeymim, près de Lattaquié, constitue une "concession majeure à l'Iran et le troisième revers pour Israël en une semaine".

Le Kremlin a longtemps fermé les yeux sur les frappes aériennes israéliennes contre des cibles syriennes parce que ce sont les livraisons iraniennes de munitions et d'armes au groupe terroriste islamique Hezbollah au Liban qui étaient visées, et non l'armée syrienne. Cependant, cette dernière a déjà subi tant de dommages du fait du bombardement des avions de guerre israéliens que les Russes - après avoir averti Jérusalem à plusieurs reprises - semblent maintenant avoir décidé que trop c'est trop.

Patrouilles conjointes des forces aériennes ; ligne défensive autour de la Syrie

Le président syrien Assad espère que l'armée russe déploiera désormais également ses missiles anti-aériens avancés S-300 et S-400 contre l'armée de l'air israélienne. Moscou ne semble pas encore vouloir aller aussi loin, mais cette décision est désormais beaucoup plus proche. Ces missiles peuvent détruire les avions de combat israéliens dans leur propre espace aérien.

Le 24 janvier, la Russie et la Syrie avaient déjà annoncé des patrouilles conjointes des forces aériennes au-dessus de l'Euphrate (frontière avec l'Irak) et du plateau du Golan (frontière contestée avec Israël). Deux jours plus tard, l'armée russe a posté des policiers militaires armés dans la zone portuaire de Lattaquié.

Ces unités seraient en fait constituées de forces spéciales, qui semblent avoir été déployées en raison des attaques de missiles israéliennes des 7 et 27 décembre sur le port à conteneurs de Lattaquié. Des armes iraniennes destinées au Hezbollah y auraient été stockées.

Avertissement aux États-Unis

Le Kremlin a désormais clairement élevé une ligne défensive autour de la Syrie, dont Israël n'a d'ailleurs pas été officiellement informé. Le renforcement de la protection russe peut également être lié à la crise ukrainienne et pourrait être considéré comme un avertissement supplémentaire adressé à Washington : toute guerre provoquée par les États-Unis, l'Union européenne et l'OTAN ne se limitera pas à ce seul pays.

La Syrie est l'une des plus grandes réussites étrangères récentes du président Poutine. En intervenant rapidement et avec force, il a pu empêcher une troisième guerre mondiale presque certaine déclenchée par Bush après avoir soutenu ISIS pendant la guerre d'Irak, et dans les années qui ont suivi, précipiter la guerre terroriste d'ISIS créée et dirigée par la CIA pour renverser Assad. De nombreux analystes militaires s'accordent donc à dire que si IS(IS) a été vaincu, ce n'est pas grâce à l'administration Obama.

Le projet "Build Back Better" du "fou de Davos" échouera totalement après 2022 - Les protestations ne suffiront pas à stopper une dictature communiste autoritaire en Europe.

Le coup d'État communiste contre l'Occident, comme nous appelons depuis 2020 le Great Reset ("Build Back Better") du Forum économique mondial, était de toute façon voué à l'échec après cette année, mais il commence déjà à échouer. En effet, après la Fed américaine, la BoE (Banque d'Angleterre) a également relevé ses taux d'intérêt. La Banque centrale européenne ne peut pas faire de même après presque 8 ans de taux d'intérêt nuls/négatifs, car cela provoquerait immédiatement l'effondrement de l'économie européenne déjà chancelante. L'alternative, cependant, donne exactement le même résultat, mais d'une manière différente, et appauvrira extrêmement les Européens, et certainement les Néerlandais, en partie grâce aux mesures dévastatrices du Covid et du climat, en très peu de temps. Profitez donc de la (fausse) prospérité qui nous reste pour un moment, car ce sont littéralement les derniers jours.

La BoE a relevé le taux d'intérêt à 0,5 % en raison de la croissance rapide de l'inflation résultant directement des mesures de plandemie de Covid. Étant donné que la BCE a déjà anéanti le marché des obligations d'État européennes (ainsi que le pouvoir d'achat, les retraites, l'épargne et la plupart des investissements étrangers) avec des taux d'intérêt négatifs depuis 2014, il est impossible de lui emboîter le pas sans déclencher une réaction en chaîne immédiate vers un krach sans précédent. L'inflation galopante du moment n'en est que le tout début.

Le "fou de Davos" et son "reconstruire en mieux" après la troisième guerre mondiale.

Le grand patron du WEF, Klaus Schwab, a "une prise mortelle sur la gorge de l'Europe", selon le grand économiste américain Martin Armstrong. Par le biais de son programme "Young Leaders" et d'autres forums (avec Sigrid Kaag sur la "liste de paie", entre autres, et le Premier ministre Rutte en tant que partisan convaincu), il a - comme il nous l'a dit fièrement il y a quelques années - infiltré de nombreux gouvernements dans le monde avec ses partisans. Trois membres du conseil d'administration du WEF occupent aujourd'hui des postes de premier plan à la tête de l'UE, à la tête de la BCE et à la tête du FMI.

La Réserve fédérale et la Banque d'Angleterre se défendent maintenant contre l'attaque frontale du WEF contre les économies et les sociétés occidentales. Cela laisse la BCE seule avec des taux d'intérêt négatifs, défendant les visions les plus sombres de Schwab pour notre avenir : la fin des gouvernements démocratiques et le déclenchement de la troisième guerre mondiale afin de pouvoir mettre en œuvre le programme "Build Back Better".

Armstrong décrit Schab comme "le fou de Davos qui est en train de changer le monde". Il s'agit d'un autre universitaire qui suit la voie communiste toujours infructueuse de Karl Marx ; la voie qui promet aux peuples un État utopique avec une prospérité et une sécurité permanentes, mais qui laisse toujours et partout les citoyens avec l'exact opposé, la pauvreté et l'oppression.

Schwab s'accroche à la croyance marxiste selon laquelle les universitaires sont capables de redessiner l'économie mondiale. Comme Marx, il croit avoir la capacité mentale de comprendre et de réformer le monde. Il a convaincu des dirigeants mondiaux (tels que Mark Rutte) d'écouter ses sornettes, alors qu'il a été prouvé que partout où on l'essaie, cela tourne mal.''

L'homme lui-même sera changé à jamais

Mais Schwab les a convaincus que cela marchera cette fois-ci, et qu'ils gagneront encore plus de pouvoir. Ces personnes, qui sont incompétentes pour diriger le monde, savent-elles quoi que ce soit sur le fonctionnement de l'économie ? Le communisme et le socialisme ont toujours échoué parce que nous sommes des humains, et nous ne sommes pas des abeilles ouvrières qui peuvent être contrôlées depuis une ruche centrale.''

Ce problème est bien connu de l'élite actuelle. Leur solution : sous le faux prétexte de lutter contre un virus respiratoire prétendument dangereux, injecter aux gens des substances manipulatrices de gènes qui vont

1) dévaster progressivement leur système immunitaire, les rendant totalement dépendants des rappels du gouvernement, et n'osant donc pas résister, et où

2) contient des nanoparticules d'oxyde de graphène qui peuvent s'assembler pour former la base d'une sorte de "système d'exploitation", qui peut transformer à distance les gens en esclaves sans volonté via la 5G et l'IA. (Comme vous le savez grâce à nos articles précédents, il ne s'agit absolument pas d'une théorie de conspiration sf, mais d'une technologie déjà développée dont il a été démontré qu'elle est utilisée dans un pourcentage significatif d'injections de Covid-19).

TOUT sera pris aux citoyens et aux entreprises.

Big Tech est aligné avec les forces obscures pour changer ce monde et éliminer toutes nos libertés", a poursuivi M. Armstrong. Ils annulent notre liberté d'expression pour supprimer tout son qui ose défier leurs idées. En effet, on leur a promis qu'ils s'élèveront au sommet, tant qu'ils aideront à détruire le pays même où la liberté leur a permis de s'élever au sommet."

Leur pensée a-t-elle été corrompue par l'argent ou ont-ils simplement été séduits par le rêve de Schwab selon lequel, dans un monde nouveau, ils seront la nouvelle élite ?

Les gouvernements - malgré la résistance qui se développe rapidement, aussi impressionnante soit-elle parfois, comme la manifestation des camionneurs au Canada - ne renonceront jamais de leur propre chef au pouvoir qu'ils ont acquis sur la société par des campagnes de désinformation et de tromperie. Pendant ce temps, surtout en Europe, les gouvernements dépensent de l'argent comme de l'eau, parce qu'ils savent que le défaut de la "grande réinitialisation" est à venir, et que dans le nouveau système financier numérique, TOUT sera retiré à tous les citoyens et aux PME (Schwab's "You will own nothing..."). Et par 'tout', ils entendent également le contrôle de votre propre corps, de votre santé et même de votre propre volonté et de vos pensées.

Selon Armstrong, cependant, le planémique Covid visant à réinitialiser l'économie mondiale échouera totalement après 2022, avec des conséquences horribles. Les dirigeants occidentaux actuels tenteront alors de maintenir et de renforcer leur emprise sur la société et l'économie par des mesures coercitives dictatoriales d'une dureté sans précédent. Cela risque de plonger un nombre incalculable de personnes dans une pauvreté et une misère profondes, et de faire un nombre inimaginable de victimes (il faut penser à une réduction planifiée de la population de 25% à peut-être 50%). L'effondrement total suivra alors probablement fin 2024 - fin 2025.

Un trio infâme qui veut plonger le monde entier dans le chaos.

Ces trois hommes pensent qu'ils savent mieux que tout le monde", affirme le grand économiste.

Le trio infâme de l'antéchrist du 21ème siècle.

Armstrong : "Ils sont en train de détruire la civilisation occidentale. Dans le processus, ils provoquent délibérément le déclin et la décadence, pensant qu'ils peuvent la reconstruire de meilleure façon. Malheureusement, en faisant cela, ils s'assurent que la Chine et la Russie deviendront les économies les plus fortes grâce à ces bigots".

Ils pensent que le monde ne survivra que grâce à eux, comme ils le voient. Notre ordinateur (Socrates A.I.) a prédit la fin de leurs visions arrogantes et grandioses. On se souviendra d'eux pendant des générations, tout comme d'Adolf Hitler".

Comme je l'ai déjà écrit à propos de nos propres politiciens en 2020 : Si nous survivons à ce coup de force de la Grande Réinitialisation en tant que peuple, les noms de Bill Gates, George Soros et Klaus Schwab seront maudits pour des générations, et pendant le siècle prochain, personne ne donnera à ses nouveau-nés l'un de ces prénoms.

Protester seul ne sert à rien

Par conséquent, les protestations seules, telles que le convoi européen pour la liberté à Bruxelles les 7 et 14 février, aussi bonnes et nécessaires soient-elles, ne serviront à rien. Qui plus est, elles seront utilisées par l'élite pour faire passer ses objectifs encore plus fort et plus vite.

À MOINS que le "réveil" qui vient de commencer ne soit suivi de toute urgence d'un NON actif, c'est-à-dire d'une résistance pacifique massive (des citoyens, des entreprises et, de préférence, de la police et d'autres fonctionnaires) sous la forme d'un refus total de coopérer avec TOUTES les mesures coercitives (telles que les codes QR et les "vaccinations"), d'ignorer TOUS les diktats dévastateurs de Covid- et de climat, et de rétablir de son propre chef une économie et une société libres.

Jusqu'à présent, nous ne voyons que trop peu de signes de ce réveil si nécessaire. Mais ce qui n'est pas, peut encore venir. Chaque jour où ceux qui sont au pouvoir doivent reporter leur série de coups de massue avec lesquels ils veulent nous abattre complètement, est une occasion de retarder au moins, et peut-être même d'arrêter, le terrible avenir qu'ils nous réservent.

Le WEF : un danger pour la société ?

Le WEF veut non seulement des vaccins obligatoires, mais aussi des antibiotiques obligatoires (la société est délibérément rendue dépendante et donc totalement contrôlable).

Dans l'un de ses récents commentaires, le grand économiste américain Martin Armstrong arrive à la même conclusion que nous avons tirée en 2020 : Le Forum économique mondial de Klaus Schwab, avec tous ses "Young Global Leaders" et autres fidèles de l'élite politique de l'Occident, est une menace pour toute la civilisation humaine. Klaus Schwab s'est lui-même vanté d'avoir infiltré tous les grands gouvernements, contrôlant désormais l'Europe, le Canada, l'Australie et la Nouvelle-Zélande. Aucune nation n'a eu à se prononcer sur la remise de la quasi-totalité du pouvoir à ce marxiste autoritaire, qui a également obtenu de notre gouvernement qu'il démantèle partiellement notre économie et mette progressivement fin à toutes nos libertés.

Nous sommes confrontés à un danger clair et présent provenant de divers chefs d'État qui sont occupés à promouvoir la culture de l'annulation, afin de supprimer toute opposition et de changer notre avenir et celui de notre postérité", écrit Armstrong. Schwab, avec son admiration pour Lénine, avec ses Young Global Leaders - dont Justin Trudeau - impose ses idées communistes au monde, ce qui signifie que les principes démocratiques et la séparation des pouvoirs du 20e siècle ont été complètement sapés, et remplacés par les théories économiques de Schwab, dont il est ouvertement très fier.

Il ne permet pas aux gens de voter sur son rêve, et endoctrine les dirigeants de l'État pour qu'ils imposent son programme avec un pouvoir purement autoritaire... Nous voyons que les régimes les plus autoritaires qui suppriment les droits de l'individu sont tous liés à Schwab, même l'Australie. C'est une menace sérieuse pour l'avenir de la civilisation. Schwab a réussi à convaincre les gens de se rallier à son programme, qu'il présente toujours comme (créant) l'équité et l'égalité, exactement comme Marx et Lénine.''

Tout l'Occident et le Vatican sous le contrôle de Schwab.

Il a même réussi à s'emparer de la Maison-Blanche ; le président Biden a baptisé sa loi "Build Back Better" (HR 5376) d'après le slogan tristement célèbre du WEF, qui, en ce qui nous concerne, peut être écrit de manière plus appropriée "6uild 6ack 6etter".

Schwab et son "club" pensent que le communisme, qui a échoué historiquement, fonctionne partout et fonctionnera toujours si le monde entier est contrôlé. Outre l'UE, y compris les Pays-Bas, le Vatican s'est également laissé prendre à cet agenda fasciste ; le pape François est un communiste convaincu, dont l'élection a très probablement été provoquée par la manipulation (et vraisemblablement le chantage et la coercition pure et simple) de la franc-maçonnerie et de l'administration Obama de l'époque. Le message principal de François est donc invariablement la "Grande Réinitialisation" de Schwab et le programme climat-vaccin, qui, aux yeux de l'autoproclamé "Saint-Siège", serait apparemment soudainement au cœur du plan de Dieu avec l'humanité.

Eh bien, je suis d'accord avec le pape dans la mesure où il s'agit effectivement du plan d'UN "dieu" avec l'humanité. Toutefois, le nom de ce "dieu" est Lucifer, également connu sous le nom de "Diable", Satan, "le serpent ancien", le Dragon, le Démiurge, etc.

Soros, le président fantôme de l'UE, veut faire tomber la Chine et la Russie

L'un de ses laquais les plus connus et les plus loyaux est George Soros, étant donné son énorme pouvoir et son influence, le président fantôme de facto de l'UE, dont le fils est également un Young Global Leader chez Schwab. Soros a publié une vidéo dans laquelle il qualifie l'année 2022 d'année cruciale pour les soi-disant "droits de l'homme" et appelle donc au renversement du gouvernement chinois et du président Xi Jinping. Le président chinois est probablement le véritable antéchrist, il sera donc intéressant de voir comment la fumée et les miroirs se déploient.

Soros prétend que lui et son "Open Society" sont contre l'autoritarisme, mais il suffit de voir comment il a réussi à déstabiliser l'Europe et les États-Unis avec ses programmes de haine et de division de gauche (regroupés sous les termes "diversité", "Antifa", "BLM" et "financement de la police", entre autres), qui, d'une certaine manière, ont rendu l'Occident encore plus autoritaire que la Chine (certainement le Canada, l'Australie, la Nouvelle-Zélande, l'Autriche, l'Italie et, à première vue, l'Allemagne également).

Soros est exclusivement opposé avec véhémence à tout ce qui est conservateur, de droite et favorable à la liberté. Ce faisant, il utilise, comme la plupart des dirigeants occidentaux et "son" Union européenne, les tactiques du célèbre anarchiste-sataniste Saul Alinsky, en accusant continuellement ses ennemis de faire exactement ce qu'il fait lui-même, à savoir promouvoir l'autoritarisme, tromper et mentir au public par la désinformation via les grands médias, et faire preuve d'une intolérance extrême à l'égard des autres opinions et visions.

À propos, 2022 est effectivement une "année de panique" politique dans le modèle d'IA d'Armstrong. Il y a des élections importantes aux États-Unis (mi-mandat), en France et en Australie, et le mandat de Xi Jinping arrive à son terme. Les élections américaines de mi-mandat "sont vitales pour arrêter l'infiltration de l'Agenda 2030 de Schwab aux États-Unis....

Une secte mondialiste

En 2020, nous avons parlé pour la première fois d'un culte mondialiste du climat-vaccin, que beaucoup de gens ont trouvé exagéré. De plus en plus d'analystes reconnaissent aujourd'hui qu'il ne s'agissait en aucun cas d'une hyperbole. Même Roger Koops (The Brownstone Institute) compare sans ambages le WEF et l'OMS à une "secte qui a pénétré le monde entier".

Koops, qui a passé toute sa carrière professionnelle dans l'industrie pharmaceutique et des vaccins et qui souligne qu'il n'est "pas un négationniste du Covid", écrit que les principaux fabricants Pfizer, J&J, Moderna et Astra-Zeneca ont exhorté les gouvernements à acheter leurs "vaccins" corona dès février. C'était moins d'un mois après que la séquence génétique (ou une séquence partielle) ait été mise à disposition par la Chine... Je trouvais ridicule l'idée qu'un vaccin prêt à l'emploi puisse être mis au point en quelques mois".

Il souligne que des noms tristement célèbres comme Bill Gates (/ la Fondation Gates), Neil Ferguson et Anthony Fauci préconisaient des stratégies de verrouillage il y a des années. Et depuis 2020, qu'ont en commun les responsables de la mise en œuvre de ces politiques liberticides - Joe Biden, Boris Johnson, Jacinda Ardern, Angela Merkel, Emmanuel Macron, Justin Trudeau, Xi Jinping, Mario Draghi, Scott Morrison, (Mark Rutte et Sigrid Kaag) ? "Ils sont tous liés au Forum économique mondial... dirigé par Klaus "vous ne posséderez rien" Schwab et sa famille... à l'origine de la Grande Réinitialisation et de... "Reconstruire en mieux".

La société devient intentionnellement dépendante des vaccins et des antibiotiques.

Récemment, le WEF a publié un article préconisant l'introduction d'un "abonnement" aux antibiotiques, apparemment pour lutter contre les bactéries résistantes. Je pense qu'ils ont la même philosophie que pour les vaccins, ce qui est absolument l'approche adoptée pour le coronavirus : continuer à payer et à prendre les rappels... Rendez la société "accro" à une intervention, qu'elle soit efficace ou non, et continuez à l'alimenter. Cela devient particulièrement efficace si vous pouvez entretenir la peur".

J'ai souvent fait la comparaison avec la série de science-fiction Star Trek - Deep Space Nine, dans laquelle une race extraterrestre hostile utilise des guerriers génétiquement modifiés appelés les Jem'Hadar. Ils sont contrôlés et maintenus dans une obéissance absolue en étant rendus dépendants d'une substance chimique appelée Ketracel-blanc, sans laquelle ils souffrent de terribles problèmes de santé physique et mentale, puis meurent. Le même concept est maintenant appliqué à l'ensemble de la population mondiale avec les injections de manipulation génétique Covid, et apparemment une dépendance obligatoire aux antibiotiques est en train d'être ajoutée.

Ce que j'ai également noté en 2020, c'est que, d'un point de vue commercial, il s'agit du modèle de revenus le plus brillant qui soit. Il garantit à Big Pharma des milliers de milliards de dollars de revenus pour toujours, et donne aux gouvernements qui l'imposent à leurs populations un pouvoir permanent illimité et un contrôle total.

La survie de l'humanité est en jeu

En même temps, il s'agit probablement de la conspiration la plus diabolique jamais forgée et exécutée contre l'humanité, une conspiration qui changera à jamais l'avenir complet et la nature de la race humaine - du moins la petite partie qui sera autorisée à survivre à la "fin des temps" planifiée actuellement.

Après la Seconde Guerre mondiale, les historiens se sont longtemps demandé ce qui se serait passé si Adolf Hitler avait été arrêté à temps. La même question peut - et doit - à nouveau être posée de toute urgence à propos de Klaus Schwab et de son Forum économique mondial, car cette fois, la survie de l'humanité tout entière pourrait bien être en jeu. Reste-t-il sur cette planète des forces indépendantes ayant suffisamment de pouvoir et de courage pour éliminer définitivement le WEF ? Ou allons-nous collectivement nous laisser plonger dans ce pire enfer sur terre dans les années à venir, presque sans résistance significative ?

Encore exagéré, selon vous ? Dans le contexte de "de la bouche du monstre lui-même", veuillez lire notre article d'il y a deux jours : Le nouveau rapport du WEF annonce presque littéralement le système numérique "signe de la bête".

La marque de la bête ?

Le WEF veut "externaliser" complètement votre pouvoir de décision à une IA (= un "dieu" numérique va finir par contrôler, diriger et déterminer votre vie entière) - Le système de crédit social arrive inexorablement : vous n'aurez accès à des services (comme un compte bancaire, des soins de santé et des voyages) que si vous adoptez le "bon comportement".

Dans le tout nouveau rapport du WEF intitulé Advancing Towards Digital Agency, un système numérique "signe de la bête" est presque littéralement annoncé. Le WEF le présente comme quelque chose de merveilleux : un "agent numérique intermédiaire" vous débarrassera bientôt de tous vos choix et décisions soi-disant difficiles, de sorte que vous n'aurez plus à vous en soucier. Dans ce scénario, un agent numérique intermédiaire de données (votre "représentant" numérique) assume le rôle de décideur.

(Votre) consentement devient automatisé... avec l'aide de l'IA, l'agent intermédiaire des données décide de manière autonome quel type d'autorisations de données quelqu'un souhaite donner. Cela ouvre la porte à encore plus d'utilisations possibles de ces données" (p.12). Le WEF admet volontiers qu'il n'y a pas seulement de "merveilleuses opportunités" ici, mais aussi des "risques significatifs".

Il s'agit de s'orienter vers un système entièrement automatisé de collecte et de traitement des données personnelles, pour mettre hors jeu les restrictions de "notification et de consentement" (= toutes vos informations personnelles seront collectées et partagées en dehors de vous avec qui que ce soit.

Donc : FIN DE LA CONFIDENTIALITÉ. Il suffit de lire !) C'est un domaine à la fois effrayant et fantastique, et manifestement pas si différent d'un monde où il n'y a pas du tout d'exigences en matière de protection des données et de la vie privée : la différence est qu'il existe un système, idéalement doté de freins (mais donc pas nécessairement = pas de freins), conçu de manière centrée sur l'humain, et qui préserve donc les préférences de l'utilisateur, et applique les restrictions de l'utilisateur en conséquence". (gras et souligné ajouté)

Notez la façon dont le texte suivant est formulé : "En fait, il n'y a aucune raison pour que les agents d'IA ne puissent pas être programmés pour être conservateurs si cela correspond aux préférences de l'utilisateur". Les termes "en fait" et "pourrait être" indiquent simplement la possibilité technologique, mais laissent clairement ouverte la possibilité qu'un autre choix politique pourrait tout aussi bien être fait pour NE PAS vous donner cette possibilité (plus).

En fait, étant donné ce qui a été introduit et annoncé ces dernières années dans le domaine des données - pensez notamment au code QR et à l'identité numérique européenne déjà décidée - nous pouvons conclure sans risque que la probabilité que les

gouvernements, en coopération avec Big Tech, Big
Pharma et Big Banks, décident pour vous et moi de la
façon dont "votre" IA sera programmée et traitera vos
données, est de 100%.

**Un "intermédiaire" numérique qui prend les décisions
à votre place**

À la page 9, il est indiqué que vos données personnelles
seront stockées dans une "chambre forte" (coffre-fort
numérique). Votre intermédiaire de données (disons,
l'"intermédiaire" numérique ou la "copie" de vous-
même qui prend les décisions à votre place) vous
"conseillera" ensuite sur l'utilisation de vos données,
"notamment en gardant trace de qui utilise ces données
et dans quel but". Vous n'avez donc plus que le "droit"
de savoir qui a accès à ces données et pourquoi, mais
pas celui de déterminer CE qu'elles sont ou ne sont pas.
Il est fort probable qu'un tel "coffre-fort" devienne
bientôt obligatoire et que, sans cette identité
numérique, vous ne puissiez plus rien faire du tout.

L'une des façons dont vos données personnelles seront
utilisées est de "produire un impact social, par exemple
en contribuant à la recherche universitaire ou
scientifique". Compte tenu de la gigantesque fraude
scientifique dans le domaine du "changement
climatique" par le CO2 et de la pandémie/injections de
Covid, on peut supposer que ceux qui ont les
"mauvaises" convictions politiques et/ou qui refusent
les injections obligatoires et les mesures "climatiques"
seront très facilement désignés dans les rapports

118

"scientifiques" comme un "danger" pour la société, ce qui sera utilisé par les politiciens pour contenir ou même éliminer ces "dangers".

Votre "dieu" numérique personnel

En résumé, vous allez avoir une sorte de "dieu" numérique personnel qui prendra toutes les décisions importantes à votre place, car, sur la base de toutes vos données personnelles, ce "dieu" saura exactement ce que vous voulez et ce dont vous avez besoin, quand et où. Et le côté "rassurant" de tout cela ? Tout au long du rapport, il est automatiquement supposé que le gouvernement va contrôler totalement TOUT aspect de ce processus, ce "dieu", et donc VOUS.

Bien entendu, ces gouvernements, toujours aussi "fiables", partageront automatiquement vos informations avec d'autres parties, selon eux "fiables", telles que des ministères, l'UE, le WEF, la CIA, l'AIVD et d'autres services de renseignement, pour n'en citer que quelques-uns. Après tout, vous voulez certainement rester "en sécurité" ? Alors nous avons vraiment besoin d'un contrôle illimité sur TOUTES vos données. Vous n'avez rien à nous cacher ? Parce que sinon, vous pourriez être considéré comme une "menace".

Il suffit de lire ce qui est dit à la page 16 : "Un organisme public ou une agence gouvernementale pourrait jouer le rôle d'intermédiaire, en particulier lorsqu'il s'agit de données provenant d'organismes publics..... Toutefois, le fait qu'un organisme public puisse être qualifié de "fiable" dans un pays donné dépendra du rôle du gouvernement et de son degré de contrôle, d'accès et d'utilisation des lois de surveillance (contrôle) et des technologies connexes.

Coercition légale

Comme si ce message n'était pas suffisant - vous comprenez l'idée : "plus de contrôle = plus de fiabilité et de sécurité" - il est ajouté que si l'on n'a pas confiance dans le système, dans le gouvernement et dans ses intentions sous-jacentes, on ne peut pas l'utiliser activement, sauf sous "la force de la loi". Dans ce contexte, il est également question d'un "super-intermédiaire" qui devrait permettre un partage étendu des données entre divers participants transfrontaliers. Il s'agira d'une quantité de données tellement énorme qu'elle ne pourra être traitée que par une sorte de super-IA.

Nous avons eu plus qu'assez d'expériences négatives avec la "force de la loi" au moins depuis 2020 (lockdowns, bouchons, distanciation sociale, code QR), à laquelle s'ajoutera une carte d'identité européenne (/QR) plus tard dans l'année, et l'expansion progressive dans toute l'UE des "vaccinations" obligatoires sous la contrainte de sanctions élevées, comme cela se passe actuellement en Autriche, la patrie de l'infâme fasciste à moustache, dont l'esprit sombre fait manifestement un grand retour.

À la page 26, une étude de cas porte sur le TDA (Trusted Digital Agent) "Valexander", qui est présenté comme "convivial et fiable". Il est littéralement indiqué que seul le partage de "certaines données sensibles ou cruciales" nécessitera une interaction humaine directe, c'est-à-dire votre consentement. Mais qui va déterminer quelles données personnelles seront classées dans cette catégorie ? Tout porte à croire qu'il s'agira en fin de compte de la TDA elle-même, sous l'impulsion de l'IA globale et, bien entendu, de la contribution des gouvernements.

En d'autres termes, le peu de "consentement personnel" qui vous reste n'a été ajouté que pour le plaisir, tout comme les élections aux Pays-Bas sont censées maintenir l'apparence d'une "démocratie parlementaire".

TOUT sera lié à votre identité numérique.

Votre "identité numérique" sera liée à TOUT : les soins de santé (y compris les assurances), les services financiers (comme l'accès à vos comptes bancaires), l'alimentation et la durabilité, les voyages et la mobilité (= passeport, achat de billets), l'intervention humanitaire ("pour accéder aux services et montrer ses qualifications pour travailler à l'étranger"), le commerce électronique (pour faire des achats et payer en ligne), les plateformes sociales, l'administration en ligne (y compris le vote, ce qui signifie que les élections deviennent numériques et que l'on ne peut plus se fier au résultat) et les télécommunications.

Les télécommunications comprennent l'accès à
l'internet, l'utilisation de votre smartphone et - notez-le
- le contrôle de (vos) appareils et capteurs pour leur
consommation d'énergie, la qualité de l'air et les
embouteillages. Cela signifie que votre smartphone sera
constamment connecté à la grille numérique globale,
qui verra par exemple en temps réel si vous êtes dans
un embouteillage, et saura donc 24/7/365 où vous êtes
et où vous allez. Et si tout va bien, vous êtes conscient
que votre smartphone n'a pas besoin d'être allumé pour
cela.

Incorporé dans votre corps

Un Smartphone ? Il existe sûrement un moyen bien
meilleur et plus fiable de le faire dépendre du fait que
vous l'ayez ou non dans votre poche. Pourquoi ne pas
en faire une puce (nano) implantée et injectée par le
biais d'un système de Q.C. ? De cette façon, votre
propre corps devient votre carte d'identité et de
paiement en un.

Le rapport du WEF mentionne également ceci : Votre
profil numérique "peut contenir des caractéristiques
inhérentes aux données (telles que des données
biométriques) (= caractéristiques physiques), ou des
caractéristiques assignées (telles que des noms ou des
numéros d'identification nationaux)". Une fois que cette
identité numérique sera en place et établie, elle
comprendra également votre comportement en
matière d'achats et de soins médicaux, ainsi que vos

"évaluations et décisions" basées sur votre profil et votre comportement ("une banque décide de l'intérêt d'un individu pour un prêt"). Il s'agit ni plus ni moins du système de crédit social tel qu'il est déployé en Chine.

Sous le titre "Futur" (p. 23), il est littéralement question du "prochain niveau d'intermédiaires de données ("embedded in your body" = intégré dans votre corps, dans des appareils, des maisons, des villes, etc.))". Bien entendu, cela inclut les "passeports vaccinaux" (p. 24, encadré 4), dont personne ne voulait : "Ces passeports, par leur nature même, servent de forme d'identité numérique". Il est reconnu que les données personnelles de santé sont sensibles, mais que " les données relatives aux vaccins constituent un atout inimaginable pour la santé publique... ". Dans ce cas, l'avis et le consentement (de l'utilisateur) ne sont pas nécessairement nécessaires pour réutiliser les données...".

Schwab en 2016 : " Cela va absolument se produire d'ici 10 ans ".

Dans une interview à la télévision française en 2016, Schwab a prédit que tout cela va " absolument arriver dans les 10 prochaines années ", en commençant par des (nano)puces dans nos appareils et nos vêtements, puis " dans notre cerveau ou dans notre peau ". Et finalement peut-être une communication directe entre notre cerveau et le monde numérique.

Nous voyons une sorte de fusion des mondes physique, numérique et biologique".

Pour les lecteurs réguliers, rien de tout cela n'est nouveau. Après tout, cela fait des années que nous écrivons sur le sujet.

Nous avions déjà prédit en 2009 l'utilisation possible de "vaccinations" (éventuellement obligatoires) pour développer le système du "signe de la Bête" DANS votre corps, de sorte que vous abandonniez votre libre arbitre dans TOUS les domaines et que vous ne soyez plus en mesure de résister à ce "dieu" de l'I.A. en devenir.

Système de création de la Bête achevé en 2025 ?

Rappelez-vous, en 2019, il a été décidé d'accélérer cet agenda, qui était censé être réalisé d'ici 2030, à 2025 ("The Accelerator"). Cela a très probablement été fait parce que le réveil global que nous avons affaire à l'agenda le plus sombre, le plus anti-humain et carrément diabolique jamais vu ici se produit plus rapidement que ce que les globalistes du WEF avaient pris en compte.

Vraisemblablement, d'autres facteurs auront joué un rôle, comme l'obstruction de la Russie et de la Chine, et l'érosion rapide de la position financière et économique de l'Europe.

Conclusion : le WEF met tout en œuvre pour que le "système de la Bête" soit achevé en 2025. Compte tenu des développements géopolitiques effrayants, il n'est certainement pas inconcevable que 2025 soit encore plus avancé (2023-2024) par le biais d'un certain nombre de guerres majeures - planifiées ou non (Ukraine-OTAN/Russie, Chine/Taïwan, Israël/Iran, Inde/Pakistan), de crashs financiers-économiques, de perturbations majeures de l'approvisionnement énergétique et alimentaire causées par la "politique climatique".

L'exemple des "camps de rééducation" chinois : "Les musulmans en sortent plus heureux" - La liberté d'expression meurt, même en Occident

Selon Wang Guan, Young Global Leader du Forum économique mondial et journaliste politique de premier plan pour une chaîne de propagande d'État chinoise aux États-Unis, les opposants au "Great Reset" de Klaus Schwab seront placés dans des "camps de rééducation" jusqu'à ce qu'ils abandonnent les notions "dépassées" de liberté et de nationalisme (et, dans certains pays, le droit de porter des armes). Et, nous le soupçonnons, ils recevront un nombre illimité d'injections dans le corps, grâce auxquelles ils seront progressivement reliés à un réseau mondial transhumain d'intelligence artificielle.

Le WEF, comme nous le savons, cherche "l'abolition de la propriété privée, un objectif résumé par le controversé 'vous ne posséderez rien et serez heureux'", alors que la journaliste d'investigation Natalie Winters (National Pulse) réitère la poursuite d'un gouvernement mondial communiste totalitaire.

Vraiment partout, le misérable Forum économique mondial a mis ses griffes. Par exemple, le "journaliste pleurnichard" qui a failli exiger que Boris Johnson et l'OTAN viennent en aide militairement à l'Ukraine, déclenchant ainsi la troisième guerre mondiale contre la Russie, semble également être un Global Leader du WEF (2019) (ainsi qu'un partisan de la campagne de Joe Biden). (5)

Les musulmans heureux de sortir des camps de rééducation

Dans une courte vidéo ("Punctuating Western double standards about Xinjiang"), Wang, l'un des 112 Young Global Leaders sélectionnés par Schwab, souligne le "succès" des camps de rééducation chinois pour les musulmans ouïghours. Wang a visité le Xinjiang et s'est entretenu avec des Ouïghours sur place, qui ont tous rejeté les accusations internationales selon lesquelles le gouvernement chinois commettait un génocide à leur encontre.

54 pays, la plupart à majorité musulmane, ont défendu les activités anti-extrémistes de la Chine au Xinjiang. Ils ont félicité la Chine pour ses politiques de développement dans cette région et pour avoir 'pris soin de ses habitants musulmans'", a-t-il expliqué. Et ils n'ont probablement pas tort.

La vidéo présente plusieurs musulmans qui ont dû passer des mois dans un tel camp de rééducation. Ils y ont acquis toutes sortes de nouvelles compétences, ce qui explique qu'ils travaillent aujourd'hui dans divers secteurs. L'une d'entre elles est Rukiya Yakup, 26 ans, qui a été incarcérée pendant 10 mois et qui, pendant cette période, a étudié le mandarin et la vente. Aujourd'hui, elle est agent immobilier et gagne plus de 8 000 yuans par mois (bien plus que la moyenne locale). Je me sens plus heureuse maintenant", dit Yakup. Et j'ai un revenu appréciable".

La liberté d'expression se meurt, même en Occident

La liberté d'expression, autrefois si sacrée en Occident, est en train de mourir pour faire place à l'idéologie de l'OMS/WEF, la seule "opinion" que vous serez bientôt autorisé à avoir. Par exemple, aux États-Unis, vous pouvez désormais être considéré comme un "extrémiste" si vous pensez que les élections ont été volées ou si vous doutez du récit officiel de Covid. Le gouvernement américain alloue un montant énorme de 2,6 milliards de dollars à des programmes de diffusion de la "désinformation" et de la "haine".

Et la "haine", de nos jours, consiste simplement à avoir une opinion divergente, comme soutenir la Russie dans ses opérations militaires contre le régime néonazi ukrainien. Liberté d'expression", mais pas pour consulter des sites web russes comme RT, car ils sont bloqués un par un par les services de renseignement occidentaux.

Dans notre propre pays aussi, les exemples ne manquent pas, comme la condamnation et le blocage du magazine "Gezond Verstand" de l'ancien journaliste néerlandais Karel van Wolferen. Récemment, l'éditeur Mediahuis Noord a interdit les publicités de Forum voor Democratie dans tous les journaux et magazines. Les opinions dissidentes n'ont de toute façon pas droit de cité dans les grands médias, à moins qu'elles ne soient délibérément mises en avant dans le seul but de les miner, voire de les ridiculiser.

www.ingramcontent.com/pod-product-compliance
Lightning Source LLC
LaVergne TN
LVHW011019200726
843509LV00011B/1154